Projetando espaços

Guia de arquitetura de interiores para áreas comerciais

OBRA ATUALIZADA CONFORME
O **NOVO ACORDO ORTOGRÁFICO**
DA LÍNGUA PORTUGUESA.

Dados Internacionais de Catalogação na Publicação (CIP)
(Jeane Passos de Souza – CRB 8ª/6189)

Gurgel, Miriam
Projetando espaços : guia de arquitetura de interiores para áreas comerciais / Miriam Gurgel. – 6ª ed. rev. – São Paulo : Editora Senac São Paulo, 2017.

Bibliografia.
ISBN 978-85-396-1249-9

1. Arquitetura – Projetos e plantas 2. Arquitetura de interiores 3. Design 4. Espaço (Arquitetura) 5. Espaços comerciais I. Título.

12-076s CDD-725.2

Índices para catálogo sistemático:

1. Áreas comerciais : Arquitetura de interiores : Planejamento 725.2
2. Arquitetura de interiores : Áreas comerciais : Planejamento 725.2

Miriam Gurgel

Projetando espaços
Guia de arquitetura de interiores para áreas comerciais

6ª edição revista

Editora Senac São Paulo – São Paulo – 2017

Administração Regional do Senac no Estado de São Paulo

Presidente do Conselho Regional: Abram Szajman
Diretor do Departamento Regional: Luiz Francisco de A. Salgado
Superintendente Universitário e de Desenvolvimento: Luiz Carlos Dourado

Editora Senac São Paulo

Conselho Editorial: Luiz Francisco de A. Salgado
Luiz Carlos Dourado
Darcio Sayad Maia
Lucila Mara Sbrana Sciotti
Jeane Passos de Souza

Gerente/Publisher: Jeane Passos de Souza (jpassos@sp.senac.br)
Coordenação Editorial/Prospecção: Luís Américo Tousi Botelho (luis.tbotelho@sp.senac.br)
Márcia Cavalheiro Rodrigues de Almeida (mcavalhe@sp.senac.br)
Administrativo: João Almeida Santos (joão.santos@sp.senac.br)
Comercial: Marcos Telmo da Costa (mtcosta@sp.senac.br)

Edição de Texto: Luciana Garcia
Preparação de Texto: José Couto
Revisão de Texto: Luiza Elena Luchini (coord.), ASA Assessoria e Comunicação, Janaina Lira
Projeto Gráfico e Editoração Eletrônica: Antonio Carlos De Angelis
Capa: João Baptista da Costa Aguiar
Impressão e Acabamento: Gráfica CS Eireli

Editora Senac São Paulo
Rua 24 de Maio, 208 – 3º andar – Centro – CEP 01041-000
Caixa Postal 1120 – CEP 01032-970 – São Paulo – SP
Tel. (11) 2187-4450 – Fax (11) 2187-4486
E-mail: editora@sp.senac.br
Home page: http://www.editorasenacsp.com.br

Sumário

Nota do editor

A formação profissional na área de arquitetura solicita domínio técnico e criatividade na organização de um projeto. Esse é o principal objetivo de *Projetando espaços: guia de arquitetura de interiores para áreas comerciais*, de autoria de Miriam Gurgel. Para tanto, é necessário que o projeto contemple as diferentes necessidades de cada tipo de estabelecimento, procurando criar ambientes onde forma e função, isto é, estética e funcionalidade, convivam de maneira que atendam aos objetivos corporativos do cliente, levando em consideração as particularidades do perfil de sua empresa. Nesta publicação, que se vincula a uma área em que o Senac São Paulo tradicionalmente desenvolve ação educacional – design de interiores –, os leitores – profissionais e estudantes – encontrarão um roteiro seguro, essencialmente prático, que parte de conceitos objetivos para a formulação de considerações técnicas e culturais, tendo em vista a elaboração de um bom projeto.

Ao meu pai, Zeca, cuja sabedoria me inspira e tanto me orgulha!

Obrigada por um dia me haver ensinado que nada é mais importante do que o conhecimento que carregamos dentro de nós! Ele realmente é a garantia de um recomeço onde quer que estejamos!

Agradeço a todos os que mais uma vez me incentivaram, principalmente ao Amato, por sua paciência e ajuda, e por mais uma vez tornar possível a realização de um sonho.

Prefácio

A arquitetura é uma aventura fascinante, é exploração. Em todos os sentidos: social, científico, histórico e expressivo...

Se você quer estar num território seguro, não explore os sentidos, caminhe pela estrada principal sabendo que é asfaltada também de banalidades e de academicismo.

Renzo Piano, *La responsabilità dell'architetto: conversazione con Renzo Cassigoli.*

Tão complexo quanto a arquitetura de interiores para residências é o projeto para áreas comerciais e de serviços.

Do mesmo modo como dissecamos relações familiares e desejos particulares de cada membro da família, devemos fazê-lo com as empresas. O caminho é similar, e, como disse Renzo Piano, o projeto pode ter um resultado banal e acadêmico ou ser único e diferenciado.

Como afirmei em meu primeiro livro, *Projetando espaços: guia de arquitetura de interiores para áreas residenciais*,[1] a pesquisa é fundamental para o alcance de um bom resultado no projeto.

---

1 Miriam Gurgel, *Projetando espaços: guia de arquitetura de interiores para áreas residenciais* (7ª ed. São Paulo: Editora Senac São Paulo, 2013).

É importante relembrar que nossa sociedade está passando por constantes mudanças e que precisamos estar cientes delas e conectados com o futuro.

A globalização alterou e continua modificando nosso modo de nos relacionar com o mundo e de trabalhar.

A informatização torna as distâncias cada vez mais curtas e a necessidade de diferenciação cada vez maior. Em ambientes comerciais, essa diferenciação, associada à correta interpretação da imagem empresarial e ao funcionamento interno da empresa, pode representar seu sucesso.

Novamente, encontro-me produzindo um livro que não está comprometido com modismos passageiros, nem a eles vinculado, mas sim a conceitos básicos e duradouros que auxiliarão no processo criativo de espaços comerciais.

As atividades comerciais são inúmeras, e o assunto de que trato, vasto e complexo. Como se trata de um guia, de uma referência, os conceitos aqui explanados podem ser utilizados como referência em qualquer tipo de projeto comercial, pois são relativos a aspectos inerentes a basicamente todo tipo de projeto direcionado a uma empresa.

Este livro busca orientar o designer a pensar nas diversas alternativas existentes, na infinidade de opções e caminhos que podem ser seguidos e, principalmente, na utilização de conceitos e materiais a favor da meta de um projeto.

As ilustrações procuram demonstrar, mais uma vez, que não existem regras, que o importante é saber expressar ideias fundamentadas e embasadas em conceitos reais. É lógico que uma boa apresentação ajudará, e muito, na venda de uma ideia, mas um projeto baseado somente numa apresentação que impressione certamente ruirá quando for analisado mais a fundo.

Introdução

Podemos dizer, simplificando, que a arquitetura de interiores pode ser direcionada para dois tipos de propostas: a utilização residencial e a utilização comercial de um espaço. Os projetos residenciais apresentam como característica um contato mais próximo entre o designer e o usuário de cada espaço, já que o projeto se destina a uma pessoa ou a um núcleo familiar conhecido.

Os projetos comerciais, entretanto, são mais complexos, visto que seus usuários podem variar de trabalhadores a visitantes esporádicos, dependendo da natureza do negócio. Outro diferencial é que esses projetos podem tanto ser simples escritórios como complexos centros comerciais envolvendo inúmeras atividades e pessoas.

É importante lembrar que, não importa o tamanho ou destino de um ambiente, conceitos como o de que linhas horizontais podem alterar visualmente a altura de um ambiente, ou de que cores frias tendem a afastar as superfícies, ampliando os espaços, são universais e podem ser utilizados como ferramentas de projeto para atingir determinado objetivo.

A arquitetura de interiores aplicada a espaços comerciais deve analisar o contexto socioeconômico e cultural da empresa em questão, bem como sua estrutura de trabalho e, principalmente, sua imagem empresarial. É importante conhecer de que maneira ela funciona e como se relaciona com seus funcionários, com seu produto e com o público-alvo.

Com a globalização, o público consumidor mudou seu modo de avaliar e de se decidir por determinado produto ou serviço. Ele considera primeiramente a conveniência, o atendimento, a imagem relacionada ao produto, a qualidade, a inovação, a ética da empresa, a garantia e, principalmente, o acesso a informações referentes aos produtos e serviços oferecidos.

Fatores como comparação imediata de preços de produtos similares, esforço, tempo e risco também são considerados, porém em menor escala. Portanto, cabe à arquitetura de interiores um papel importante nessa relação serviço-consumidor.

Um projeto mal direcionado pode deturpar a imagem da empresa e espantar consumidores.

Recordo que, na década de 1980, um famoso shopping center de São Paulo mudou o conceito de todas as lojas do subsolo. A reforma, com nova proposta, me fez pensar e "sentir" o quanto é importante e como deve ser responsável um projeto de arquitetura de interiores.

As lojas anteriormente localizadas ali eram aconchegantes e de certa forma convidavam os consumidores a entrar, nem que fosse somente para olhar. Com a reforma, essa conduta foi drasticamente alterada, como desejavam os proprietários. Os novos projetos, suntuosos aquários de vidro, expunham o interior das lojas na sua plenitude. Refinados materiais de acabamento compunham a proposta. Vendedoras bem-vestidas, trajando em sua maioria preto, complementavam a atmosfera requintada e intimidadora que agora convidava a entrar nas lojas somente o público realmente interessado em comprar. As grandes vitrines, expondo a loja como um todo, constrangiam a entrada de especuladores.

A arquitetura de interiores pode ser utilizada para selecionar clientes de forma indireta. Ela é uma arma poderosa que influencia inconscientemente as pessoas usuárias de um espaço.

Anos atrás, quando desenvolvi um projeto para uma área de aproximadamente 600 m^2, que deveria abrigar uma clínica neurológica para quatro médicos, enfatizei a presença da tecnologia na vida da empresa. Os materiais foram escolhidos visando a essa meta. Assim sendo, ao entrar na clínica, os pacientes poderiam "ler", por meio do layout e do projeto, que os médicos ali praticantes estavam conectados com o que de mais novo a medicina tinha para oferecer.

Portanto, fica claro que a arquitetura de interiores desempenha papel importante na empresa. Quer facilitando, quer viabilizando o contato correto e frequente de seus funcionários, quer selecionando a clientela, quer reafirmando uma marca. Para tal, fica claro também que a pesquisa, desde materiais até relações interpessoais e de funcionamento empresarial, é absolutamente fundamental e necessária para um projeto que preencha todos os requisitos objetivos e subjetivos envolvidos no processo criativo.

Antes de mais nada!

O primeiro passo quando se pensa em um projeto é verificar com os órgãos públicos, principalmente com as prefeituras municipais, quais as providências legais que devem ser tomadas. Cada prefeitura seguirá diferentes leis estabelecidas no Código de Obras do município em questão. Verificar as Normas Brasileiras (NBRs) editadas pela Associação Brasileira de Normas Técnicas (ABNT – www.abnt.org.br) é altamente recomendável, pois elas ditam normas válidas para edificações em todo o Brasil.

No Código de Obras constarão as informações referentes à utilização do solo, à sua taxa de ocupação (ou projeção máxima da edificação no lote), ao coeficiente de ocupação (ou área máxima de construção permitida para o lote específico), à ventilação e à iluminação necessárias por ambiente, às áreas de circulação, etc., e até mesmo às atitudes que devem ser tomadas visando-se à proteção ambiental.

Como são inúmeros os Códigos de Obras existentes no país, fica impraticável relacionar tais informações, esclarecendo-se apenas que qualquer dúvida relacionada à execução e/ou ao detalhamento do projeto deve ser sanada em órgãos competentes.

Quando o projeto for executado dentro de um shopping center ou galeria, devem ser examinadas e seguidas também as orientações e restrições impostas pela construtora ou pela administradora do empreendimento. As restrições podem estar relacionadas a materiais não permitidos, ou até ao horário e à forma de executar o projeto.

Condomínios e blocos comerciais também podem apresentar restrições. Evite surpresas.

Este guia trata do projeto criativo e de suas importantes variantes, ou seja, conceitos relacionados com a criação de um projeto comercial que reflita a imagem da empresa, que seja funcional e que atinja suas metas visuais e de conforto.

1

Imagem empresarial

Cada projeto comercial deve representar, fiel e claramente, a imagem de uma empresa. Isso significa que o espaço ocupado por ela deve retratar e valorizar determinados conceitos intrínsecos aos produtos e aos serviços prestados. Caso a imagem empresarial não seja identificada e seguida corretamente, os produtos e serviços a ela relacionados podem ter seu valor de mercado comprometido, o que, sem dúvida, a prejudicará.

A imagem de uma empresa incorpora conceitos, conhecimento, enfoques, percepção, opiniões e, principalmente, expectativas. Ou seja: a meta a ser alcançada está baseada em elementos objetivos e subjetivos.

Essa imagem pode ser encontrada e definida em manuais publicados pelas empresas, em conversas com as principais pessoas que administram e coordenam os trabalhos, em pesquisa e análise de produtos e serviços oferecidos e, essencialmente, na identificação do público-alvo.

Uma marca, na maioria das vezes, procura traduzir um estilo de vida, um estado de espírito, um *status* social. Pode representar poder, avanço tecnológico ou mesmo conservadorismo. Portanto, cabe ao designer identificar as características relevantes e importantes a serem enfocadas no projeto de arquitetura de interiores.

Necessidades e funcionamento da empresa

É fundamental que as atividades que serão desenvolvidas em cada espaço a ser criado sejam compreendidas em toda a sua complexidade. Ou seja, dos equipamentos envolvidos à necessidade de comunicabilidade entre os espaços, para favorecer a comunicação entre os trabalhadores. Projetos executados com pouco ou quase nenhum conhecimento das características e particularidades das atividades comerciais ou dos serviços envolvidos são fadados ao fracasso.

É, portanto, indispensável o levantamento de todas as atividades envolvidas, dos equipamentos relacionados a cada uma delas, das necessidades básicas e principalmente do organograma da empresa, que fornecerá informações quanto à necessidade de intercomunicação e de proximidade entre os ambientes reservados a determinadas funções.

Devemos considerar a possibilidade de um projeto comercial para determinada empresa ser desenvolvido num país ou região de cultura completamente diferente daquela onde ele será implantado. Esse fato deverá induzir a um estudo minucioso dos elementos culturais existentes no projeto e suas compatibilidades e incompatibilidades com o país em questão. Essas diferenças culturais poderão ser exploradas ou evitadas dependendo da necessidade de alcançar determinado público-alvo.

2

Design

Muita confusão rodeia o entendimento da palavra "design". Podemos simplificar dizendo que:

Chamamos de design a arte de combinar formas, linhas, texturas, luzes e cores para criar um espaço ou objeto que satisfaça três pontos fundamentais: a função, as necessidades objetivas e subjetivas dos usuários e a utilização coerente e harmônica dos materiais.

O design será percebido pelos usuários do espaço ou do objeto de duas maneiras diferentes, ou seja, segundo uma percepção visual e segundo uma impressão visual. A primeira está relacionada com o desejo do profissional de transmitir uma ideia pelo uso específico de determinadas formas, materiais, etc. A segunda está relacionada com o modo como o design será "sentido", ou seja, se o resultado do projeto é dinâmico, se favorece a introspecção, se atrai silêncio, etc.

■ DESIGN SUSTENTÁVEL E ECOLOGICAMENTE CORRETO

Conceito bastante atual e que tem contribuído para ditar novos caminhos para os profissionais da área com a utilização de materiais e equipamentos que contribuam para o "bem-estar do nosso mundo", ou seja, que ajudem a estabelecer uma sociedade que se mantenha, se abasteça e se desenvolva sem prejudicar as gerações futuras.

O design de hoje deve ser o que chamamos de "ecodesign", ou seja, um design que respeite, durante todas as etapas do projeto, a natureza e os recursos naturais, evitando ainda gerar qualquer tipo de poluição.

■ DESIGN INCLUSIVO E "POLITICAMENTE" CORRETO

É inaceitável, e também contra as normas regulamentadoras de projetos arquitetônicos, a exclusão de dimensões e características projetuais que possibilitem e, antes de mais nada, facilitem a participação, a utilização e o trabalho de pessoas com deficiências em ambientes comerciais. Portanto, conhecer as normas vigentes é, mais uma vez, indispensável para um projeto bem-sucedido.

Elementos do design

■ ESPAÇO

Definição

Chamarei de espaço a área compreendida entre as paredes, o piso e o teto de determinado ambiente, ou ainda a área compreendida entre os limites da marcenaria de um armário. Espaço será a área "espacial" para a qual iremos projetar.

Nos projetos comerciais, bem como nos residenciais, o espaço total de que dispomos para projetar deverá ser setorizado, visando a facilitar o processo criativo. Dependendo da natureza do negócio ou da empresa, ocorrerá uma setorização especificamente ideal para cada um.

Pelo organograma de uma empresa, fica clara a organização de seus setores, ou zonas principais e secundárias, de forma geral.

FIG. 1 – Exemplo de estrutura organizacional de bufê infantil.

Nesse mesmo documento poderemos levantar quais setores deverão estar localizados próximos entre si por serem interdependentes ou relacionados e quais poderão ficar afastados.

Ao subdividi-los, ficará ainda mais fácil levantar todas as necessidades técnicas, físicas e psicológicas de cada um deles.

Uma vez setorizado o projeto como um todo, poderemos recomeçar o processo de subdivisão, agora em menor escala, identificando quais serão os "espaços" específicos necessários para cada atividade prevista.

Circulação

Todos os espaços destinados à circulação deverão, como o projeto na sua totalidade, seguir dimensionamentos, considerações e normas ditados pelos órgãos de fiscalização competentes, respeitando a legislação que garante acesso e conforto às pessoas portadoras de deficiência física.

Basicamente, podemos classificar a circulação quanto à sua prioridade, ou seja, se é principal ou secundária.

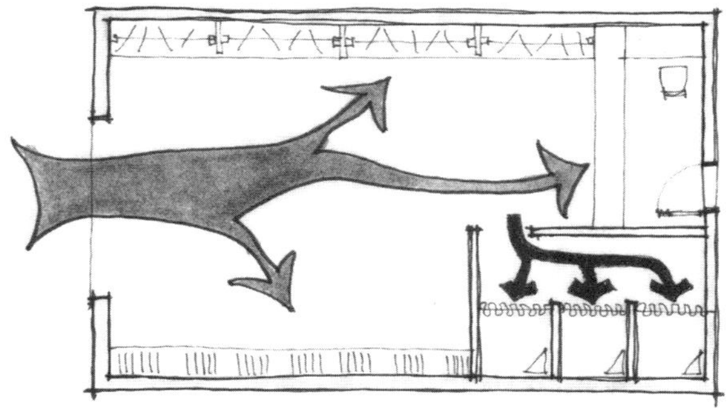

FIG. 2 – Estabelecimento comercial com circulação principal de acesso ao setor de vendas e secundária aos provadores.

A circulação ainda pode ser classificada de acordo com o tipo de fluxo que possibilita.

Chamamos de *natural* a circulação que ocorre sem nenhum elemento que a bloqueie. Essa circulação não é induzida por nenhum tipo de artifício. As pessoas caminham livre e relaxadamente, sem medo de nenhum elemento que seja bloqueador.

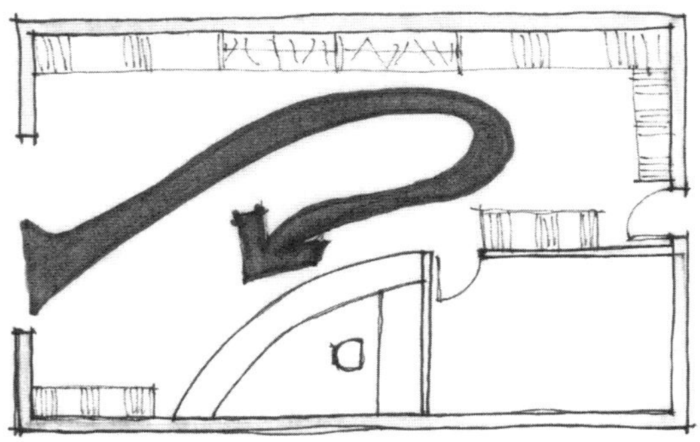

FIG. 3 – Uma circulação natural completamente sem bloqueios pode ser vista nesse exemplo.

Quando induzimos ou conduzimos as pessoas pelo caminho que "nós" escolhemos, dizemos que a circulação é *forçada*. Essa solução é um recurso, por exemplo, para conduzir consumidores por diferentes setores de uma loja mesmo que não o queiram fazer. Quando caminhamos por uma circulação forçada, ficamos mais atentos e "sintonizados", pois precisamos buscar referências e indicações sobre a direção a seguir.

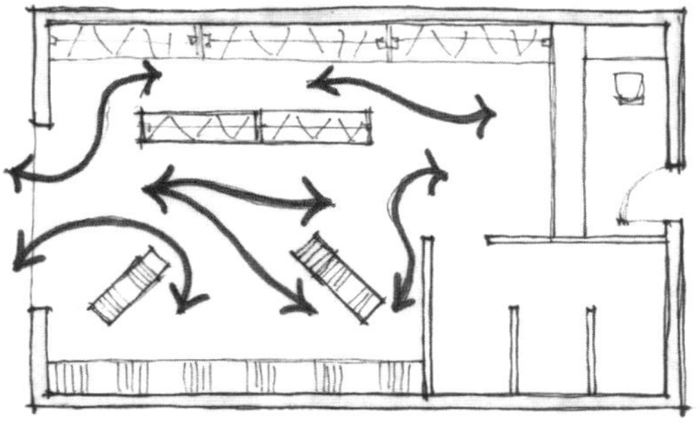

FIG. 4 – A inserção de mesas ou de araras de apoio força a circulação em determinados sentidos.

Segundo a NBR 9050, o fluxo de pessoas deve determinar as dimensões dos corredores. Entretanto, a largura dos corredores de uso comum deve ser no mínimo de:

- 90 cm se o corredor tiver até 4 m de comprimento;
- 1,20 m se o corredor tiver até 10 m;
- 1,50 m se o corredor tiver mais de 10 m;
- 1,80 m se for necessária a circulação de duas cadeiras de rodas.

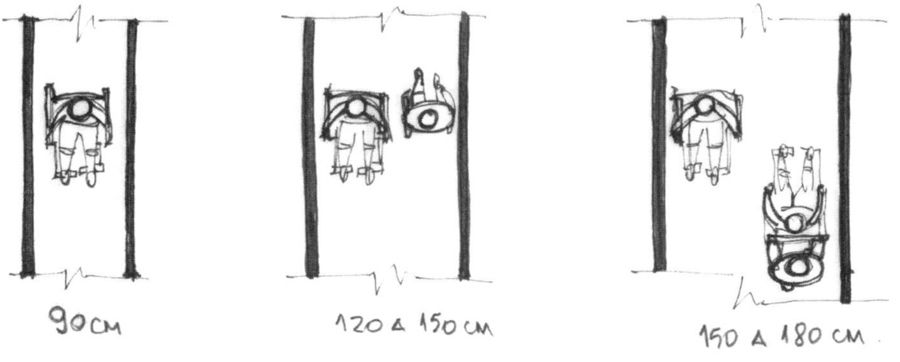

FIG. 5 – Largura de corredores para a circulação de deficientes físicos em cadeiras de rodas.

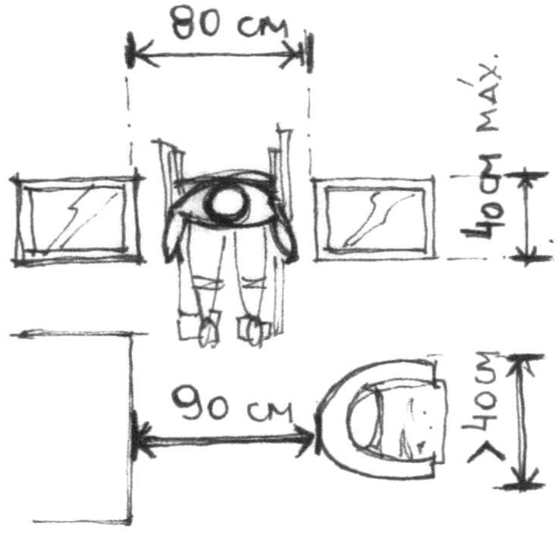

FIG. 6 – Deve ser considerada uma distância mínima de 80 cm entre objetos de até 40 cm de largura. Acima dessa largura, o espaço deve ser de 90 cm.

■ FORMA E CONTORNO

A forma pode ser bi ou tridimensional. Já o contorno será sempre plano.

As formas mais utilizadas são as geométricas, mais óbvias e previsíveis. Buscar outras formas ou compor com diferentes formas é explorar novas soluções, o que poderá conduzir a um projeto mais interessante.

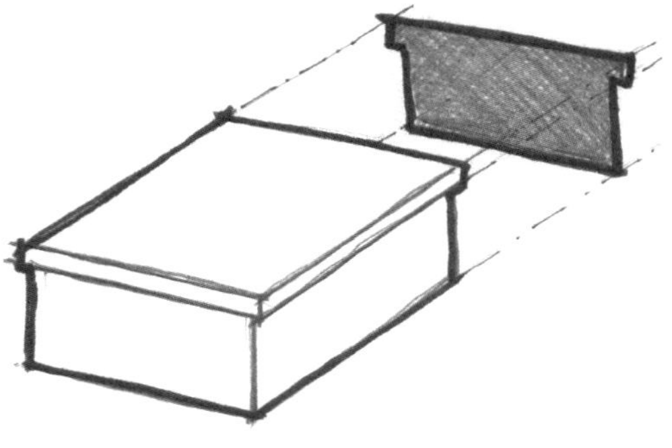

FIG. 7 – A forma de uma caixa e seu contorno.

Retilínea

É simples e óbvia, além de estável. Pode transmitir uma sensação de clausura ou de privacidade, dependendo da utilização.

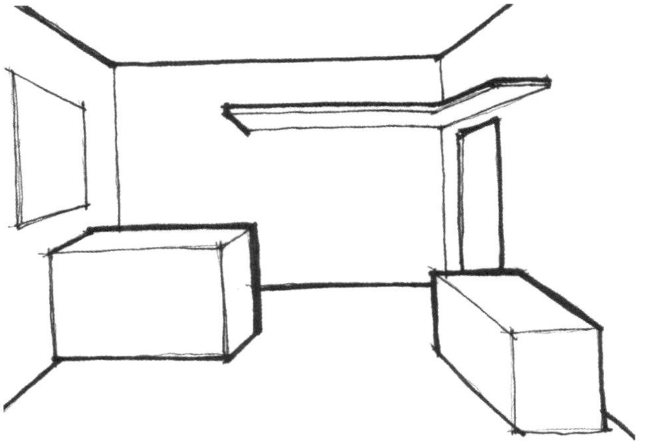

FIG. 8 – Espaço com formas retilíneas.

Angular

É mais criativa e tem mais movimento, porém pode causar irrequietação. Paredes inclinadas tendem a se tornar visualmente mais longas do que as ortogonais.

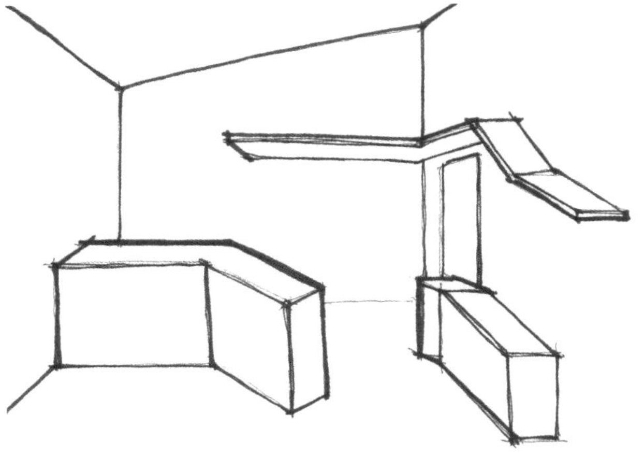

FIG. 9 – Espaço com formas angulares.

Curva

A linha curva é mais feminina e suave. Transmite amplitude. Representa continuidade e movimento. Ambientes curvos não apresentarão cantos e podem ser mais difíceis de mobiliar ao mesmo tempo que podem dar personalidade a um projeto.

Componha, ouse e crie ambientes e espaços personalizados e diferenciados. Lembre-se, entretanto, de que, caso o projeto seja de caráter mais formal, as linhas retas e as formas retilíneas são mais indicadas.

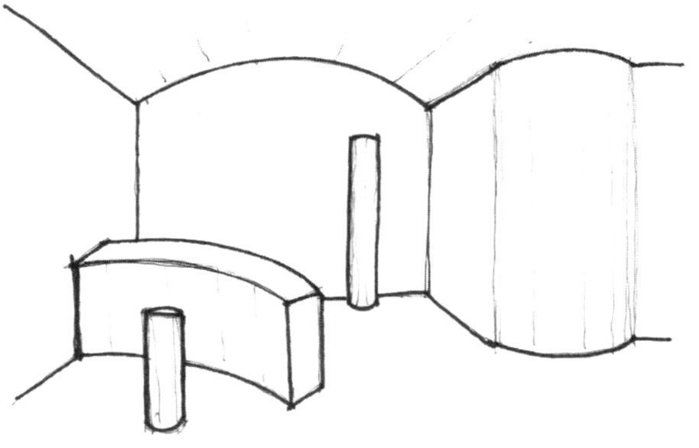

FIG. 10 – A forma curva ajuda a dar leveza ao ambiente.

■ LINHA

A linha é a extensão de um ponto; o somatório de vários pontos consecutivos; o princípio. As linhas são importantes ferramentas do projeto, já que podem ajudar a alterar visualmente o modo como percebemos um espaço. Podem também alterar o modo como sentimos um ambiente. Lembre-se de que seguimos com os olhos a direção das linhas, portanto, elas são elementos direcionadores.

Num projeto, as linhas podem ser exploradas no piso, no teto, no mobiliário, nos elementos arquitetônicos, na textura de paredes, etc.

Reta

Predominantemente de caráter masculino, pode ser utilizada em sentido horizontal, vertical ou em ângulo, inclinada.

Horizontal

Alonga, relaxa e tranquiliza, já que inconscientemente nos conecta com a posição de deitar, com o infinito, com o horizonte. Por estimular menos os olhos e os movimentos, é mais repousante. Deve ser utilizada para alongar ou alargar os ambientes, para rebaixar o pé-direito, para tranquilizar.

FIG. 11 – A utilização de linhas horizontais alarga o ambiente em questão.

Vertical

Dá dignidade, sugere formalidade e estabilidade. É a linha de pilares e colunas, de pé-direito alto, de estrutura. Ideal para ambientes com baixo pé-direito e atmosfera mais formal.

Inclinada

Está mais associada com movimento, com dinamismo. São inúmeros os ângulos que podem ser explorados. Essa ferramenta pode ajudar a interligar ambientes, a encurtar distâncias visualmente e a direcionar o caminho, já que nossos olhos a seguirão.

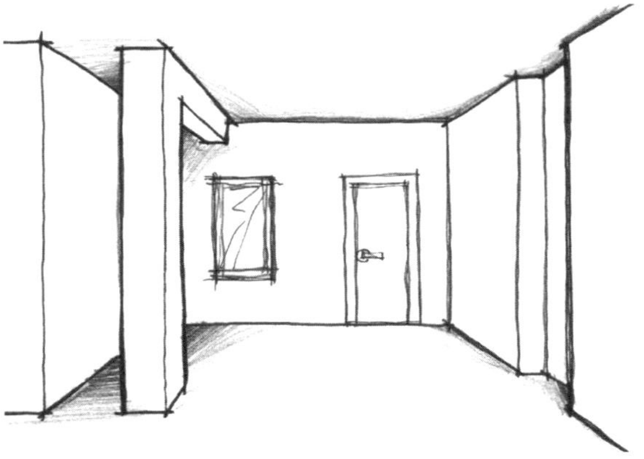

FIG. 12 – As linhas verticais ajudam a dar mais altura ao ambiente.

FIG. 13 – Quando utilizada em forros, amplia o espaço.

Inclinada quebrada

É uma linha irrequieta que pode desviar a atenção. Formada por uma sucessão de linhas inclinadas em diferentes direções, deve ser utilizada com cautela e para um objetivo específico.

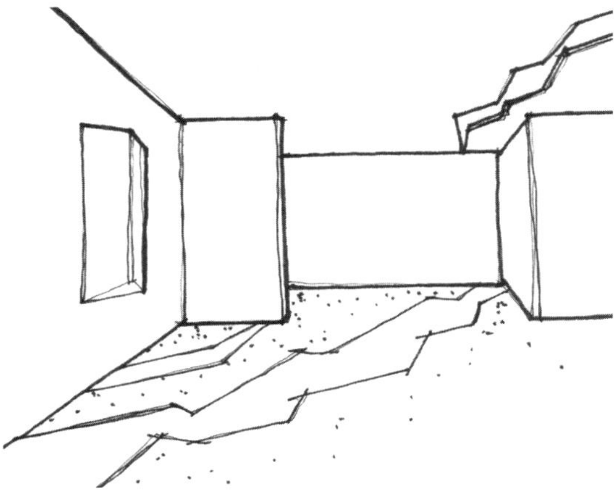

FIG. 14 – As linhas quebradas podem criar a sensação de instabilidade.

Curva

Predominantemente feminina, é leve e sedutora. Dinâmica, é mais relaxante se a curva for suave. Ideal para cantos e extremidades de objetos e ambientes destinados a crianças, consultórios e locais de grande circulação. Pode direcionar e orientar a circulação.

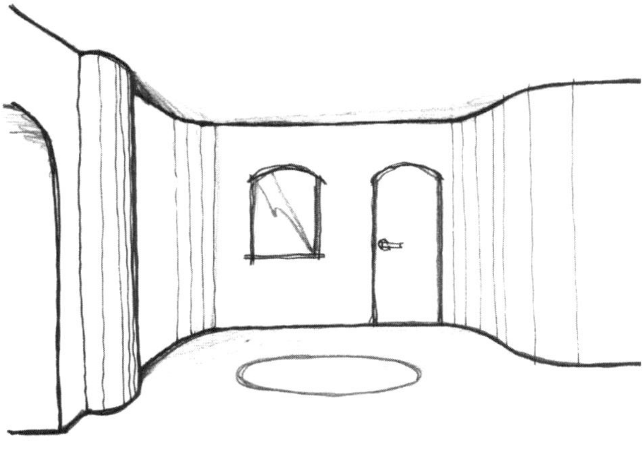

FIG. 15 – Como as formas curvas, essas linhas suavizam o ambiente.

■ TEXTURAS E PADRONAGEM

São elementos importantes que ajudam na composição da atmosfera e do caráter de um ambiente.

Texturas

As texturas, parte integrante dos materiais, são geralmente pequenas, ou seja, de escala reduzida.

Como todos os materiais apresentam algum tipo de textura, e muitas vezes um mesmo material pode ser encontrado em diferentes texturas, a pesquisa desponta como fator diferenciador num projeto.

A textura pode atuar como estímulo sensorial, como ornamento ou como estímulo visual.

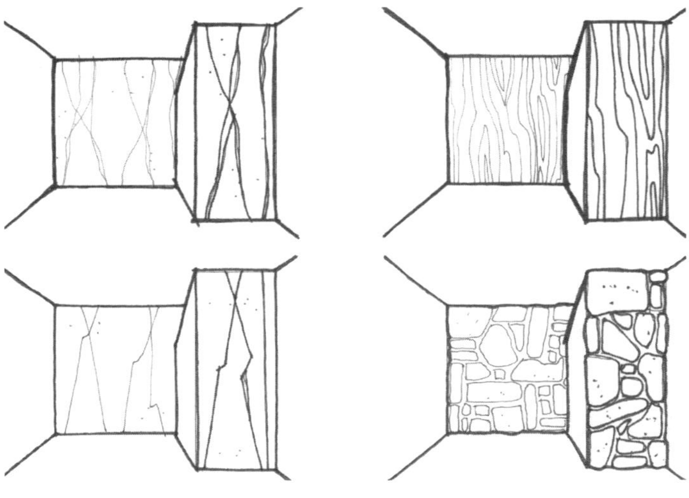

FIG. 16 – Diferentes texturas aplicadas às mesmas superfícies.

Uma mesma superfície, dependendo da textura com que for revestida, pode causar diferentes reações ou sensações.

Uma mesma textura, dependendo do tipo de iluminação que receba, pode ser percebida de maneiras diferentes.

Propriedades das texturas

- *Quanto à cor*: as texturas alteram consideravelmente a tonalidade de um matiz. Superfícies mais lisas refletem mais luz, intensificando a cor. Quanto mais porosas, rústicas ou ásperas forem as superfícies, mais escuras e suaves serão as tonalidades aplicadas sobre elas, assim como maior será a alternância de tons que teremos.
- *Quanto à acústica*: as superfícies ásperas absorvem mais o som, enquanto as polidas o refletem muito mais. Ambientes com muitas superfícies lisas ou polidas tendem a ser mais barulhentos do que ambientes com superfícies porosas. É fundamental adequar as características acústicas de um ambiente às atividades ali realizadas.
- *Quanto à manutenção*: as superfícies lisas são muito mais fáceis de limpar. As superfícies porosas acumulam mais poeira e sujeira. Analise a relação custo–benefício, já que uma superfície de manutenção mais simples pode ter custo muito mais elevado.
- *Quanto à segurança*: as superfícies lisas são mais suscetíveis de se tornarem escorregadias do que as porosas, embora as lisas sejam mais agradáveis ao toque.
- *Quanto à temperatura*: as superfícies de texturas polidas tendem a ser mais frias do que as ásperas porque transmitem mais calor.

Tipos de texturas

Podemos ser influenciados por dois tipos de texturas: as visuais e as táteis.

Chamamos de texturas visuais aquelas que somente vemos, sem senti-las. Por exemplo: os veios da madeira de um forro ou de uma peça de mobiliário.

As texturas táteis são tridimensionais; podemos tocar, sentir o material. Também é possível haver texturas lisas porém suaves ao toque. Paredes de tijolos, colunas de concreto, etc. são alguns exemplos.

Componha com diferentes texturas. Busque harmonia entre as superfícies lisas e ásperas, opacas e brilhantes, macias e duras. Uma composição com alternância de texturas tenderá a ser mais criativa e personalizada. Entretanto, lembre-se de que as texturas são ferramentas importantes na composição do caráter e da atmosfera desejados para o projeto.

Padronagem

Na maioria das vezes, é utilizada para ajudar na definição da atmosfera de um projeto. Pode estar representada em um material ou em diferentes superfícies, ou ser criada a partir da associação de diferentes materiais. A padronagem é resultado de um processo criativo racional, elaborado. As padronagens, geralmente, são criadas a partir da repetição de um motivo. Podem ajudar a criar pontos de interesse e a esconder pequenas imperfeições, já que uma superfície lisa, sem desenhos, as torna muito mais evidentes.

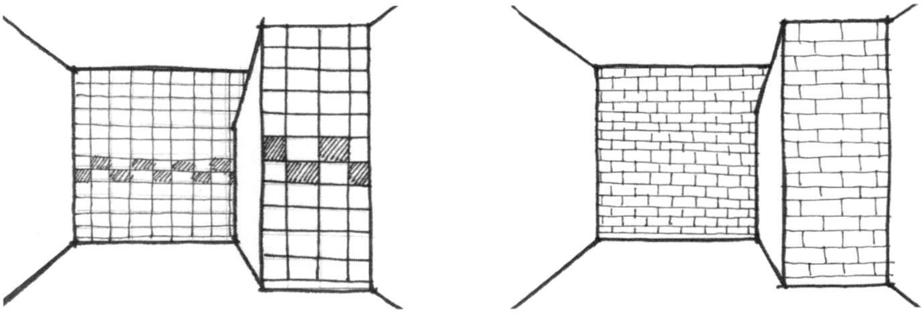

FIG. 17 – Padronagens criadas por azulejos e tijolos.

■ LUZ E ILUMINAÇÃO

Luz e cor não podem e não devem ser pensadas independentemente. A quantidade, o tipo e a qualidade da luz podem alterar completamente uma cor. Determinada cor pode alterar completamente a quantidade, o tipo e a qualidade da luz incidente e refletida sobre ela. Portanto, elas devem ser pensadas em conjunto.

Não são raros os casos de ambientes comerciais com iluminação totalmente inadequada. Quantas vezes já não provamos uma roupa num provador com luz tão quente que torna a tarefa totalmente impossível, acarretando a "não compra" de um produto? Quem de nós já não foi escolher um tecido em uma loja cuja luz se mostrou insuficiente?

Uma iluminação inadequada pode ser totalmente prejudicial a uma empresa, impedindo vendas e até mesmo "expulsando" a clientela.

No subsolo do Museu do Louvre, em Paris, as luminárias foram especialmente desenvolvidas para simular a entrada de iluminação natural e evitar que pessoas com claustrofobia se sintam angustiadas.

É bem conhecida a tática de alguns shopping centers de criar uma atmosfera totalmente desconectada com o exterior a fim de evitar que os usuários percebam se está escurecendo ou chovendo e se concentrem somente no consumo.

Se direcionarmos os focos de luz mais para as paredes ou, ainda, se utilizarmos as paredes como "grandes refletores", criaremos uma sensação de maior claridade no ambiente.

A iluminação é uma das principais ferramentas utilizadas para iludir nosso olhar, simular alterações nos espaços ou ainda tapear nossos sentidos.

Outro fator importantíssimo a considerar é que a luz não ilumina por si só; ela depende de superfícies que a reflitam e a transmitam pelos ambientes.

As cores, os materiais e as texturas das diferentes superfícies em um ambiente interferem na quantidade de luz refletida e na consequente claridade dentro dele, determinando a porcentagem absorvida.

Uma parede totalmente de vidro, por exemplo, tem índice de reflexão 0, enquanto uma de espelho tem 100% de reflexão.

A quantidade e qualidade da reflexão da luz são ainda alteradas conforme a dimensão do ambiente a ser iluminado e a distância dos focos de luz até a área de trabalho.

Tipos de luz segundo a fonte emissora

Basicamente contamos com duas diferentes fontes de luz.

Natural

Gerada pelo sol, é indispensável à nossa sobrevivência e ao perfeito funcionamento de nosso relógio biológico. A luz natural ilumina nossa alma e nos enche de energia.

Vale lembrar que a luz do sol se altera consideravelmente no decorrer do dia. Pela manhã ela é mais avermelhada, de tonalidade quente, mais aconchegante. Quando nos aproximamos do meio-dia, ela se torna mais azulada, mais fria, mais dinâmica e com reprodução de cor mais fiel. Ao entardecer, ela será novamente mais avermelhada, de tonalidade quente e mais aconchegante novamente. Portanto, durante um mesmo dia, percebemos as cores de maneiras diferentes, dependendo do horário.

Infelizmente alguns projetos comerciais contam com muito pouca ou nenhuma luz natural. Quando possível, traga a luz do sol para dentro dos ambientes. Explore ao máximo a luz natural através de janelas, paredes de vidro, claraboias, etc.

Artificial

Como o próprio nome diz, é aquela gerada por fontes artificiais de luz.

Dependendo do processo utilizado para gerar a luz, podemos encontrar diferentes tipos de lâmpadas e em diversos formatos, wattagens e voltagens.

Diferentes lâmpadas possuem índice de reprodução de cor e temperatura também diferentes. Portanto, para escolher a que mais se adapta ao projeto, é necessário conhecer os vários tipos existentes no mercado, bem como sua aplicação ideal.

Com a crescente preocupação com o consumo de energia e com o meio ambiente, diferentes propostas de tipos de lâmpadas e luminárias vêm surgindo no mercado, buscando maior eficiência luminosa com menor consumo energético. Manter-se atualizado e informado é, mais do que nunca, importante para um projeto eficaz e atual.

Tipos de lâmpada mais comuns:

- *Incandescente*: é a lâmpada que todos conhecemos e que tem seus dias "contados", já que deverá ser totalmente substituída por opções mais econômicas e sustentáveis, como, por exemplo, as lâmpadas fluorescentes compactas, halógenas Energy Savers ou LEDs. Produz luz pelo aquecimento de seu filamento interno de tungstênio. Pode aquecer literalmente o ambiente, já que emite calor. Possui luz mais amarelada e, portanto, aconchegante. Tem boa reprodução de cor. Porém as lâmpadas incandescentes são bem menos econômicas do que as fluorescentes. Podem ser utilizadas, por exemplo, na iluminação geral de ambientes, para leitura, na área destinada a computadores, em hotéis, etc.

FIG. 18 – Exemplos de lâmpadas incandescentes.

- *Halógena*: é uma variante das lâmpadas incandescentes, portanto, também produz calor ao gerar luz. Sua variante com refletor dicroico reduz consideravelmente o calor emitido, uma vez que o direciona para a parte posterior da lâmpada.
  As lâmpadas halógenas têm luz intensa e brilhante, sendo indicadas para iluminação de destaque. Podem ser encontradas com ou sem refletor, com bloqueadores de raios UV, para baixa voltagem (geralmente bipinos) e para tensão de rede (com soquete em diferentes tamanhos), em modelos dimerizáveis, com excelente reprodução de cor, diferentes aberturas de facho e em modelos de uso interno ou externo, como as lâmpadas Philips PAR.

FIG. 19 – Exemplos de lâmpadas halógenas.

- *Fluorescente*: produz luz sem gerar calor. É mais econômica do que a incandescente, sendo indicada para a iluminação geral de projetos comerciais. Novos modelos chegam a economizar 80% de energia e podem durar até 8 anos. Apresenta duas tonalidades de luz: uma clara, mais branca, e outra amarelada, mais aconchegante. Não deve ser utilizada em ambientes como oficinas de costura ou em qualquer outro onde haja a utilização de maquinaria com partes que oscilam, pois pode causar efeito estroboscópico, paralisando visualmente o movimento das máquinas.

As lâmpadas fluorescentes podem ser encontradas em diferentes formatos e diâmetros. Segundo o catálogo da Philips, as *tubulares* têm qualidade de luz que varia de ótima a regular. As *compactas integradas* (com reator acoplado) são mais indicadas como substitutas das incandescentes tradicionais em caso de necessidade de economia. Já as *compactas não integradas* (sem reator acoplado) são ideais para estabelecimentos comerciais por serem muito econômicas (quando comparadas às incandescentes) e apresentarem excelente qualidade de luz. Alguns modelos podem ser dimerizados.

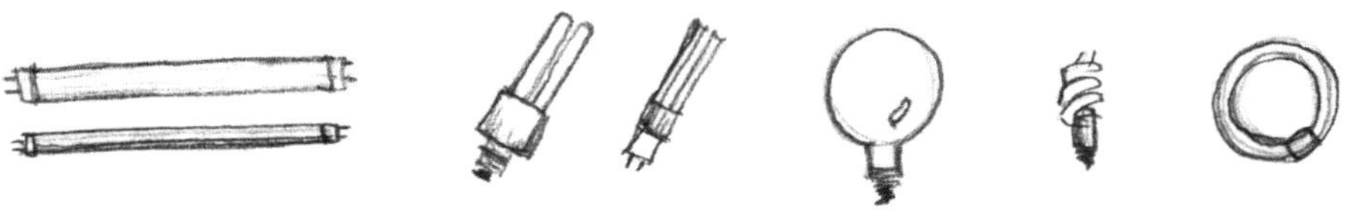

FIG. 20 – Exemplos de lâmpadas fluorescentes.

- *Lâmpada de descarga (HID)*: também é encontrada em diferentes formas e potências, para luminárias abertas ou fechadas, com diferentes qualidades de reprodução de cores e durabilidade variável, ainda segundo a orientação do catálogo da Philips. Alguns modelos apresentam filtros que protegem contra a emissão de raios ultravioleta. As lâmpadas Master CDMR 111, por exemplo, são ideais para vitrines, lojas ou edifícios comerciais, por emitirem bem menos calor do que as halógenas. Devem ser utilizadas em iluminação de destaque ou geral.

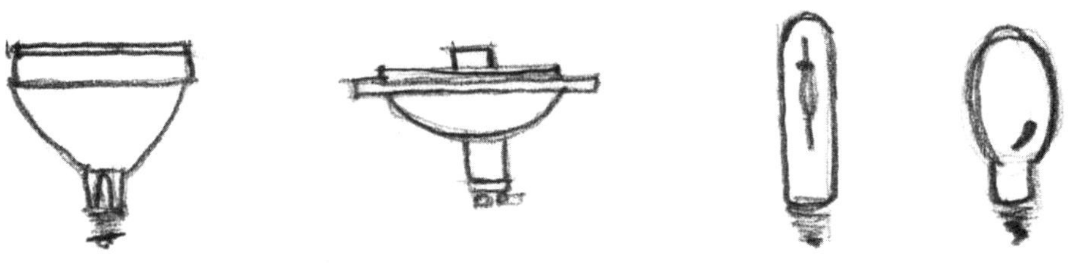

FIG. 21 – Exemplos de lâmpadas de descarga.

Para dar brilho, é necessário utilizar lâmpada halógena, de descarga ou incandescente. É praticamente impossível conseguir esse efeito com lâmpadas fluorescentes.

- *Fibra ótica*: é um cabo composto por fibras de vidro, acrílicas ou plásticas (estas últimas mais flexíveis), que transmite luz sem transmitir corrente elétrica, sem a emissão de raios UV e sem nenhuma transmissão de calor. Pode ter a luz concentrada na extremidade ou refletida em toda a sua extensão, como um cordão de luz. Os cabos podem ser bem finos, o que permite sua instalação numa infinidade de locais.

  O processo é simples: basta uma fonte de luz – por exemplo, uma única lâmpada dicroica, localizada no local mais conveniente ao projeto – para gerar várias outras com alto brilho e distantes da fonte geradora. Vale observar que, quanto mais distante da extremidade está a fonte geradora de luz, ou melhor, quanto maior o comprimento do cabo, maior a perda de luz transmitida, já que alguma perda durante o processo é inevitável.

  Cada fonte geradora pode iluminar conectada a um minispot ou a até doze *downlights*. A fibra ótica viabiliza a iluminação de aquários, piscinas, banheiros ou qualquer outro ambiente "molhado" sem apresentar risco algum quanto a choques elétricos ou fogo.

  É utilizada na iluminação de museus, shopping centers, quadros, vitrines, etc. ou, ainda, em qualquer projeto em que haja limitações de espaço para a instalação de luminárias, lâmpadas ou reatores. Pode ser utilizada também como iluminação puramente decorativa ou em letreiros luminosos. Ideal para luz de sinalização de circulação, em escadas ou corrimãos. É uma boa alternativa para substituir o néon, por ser um equipamento totalmente silencioso e de frequência de luz constante.

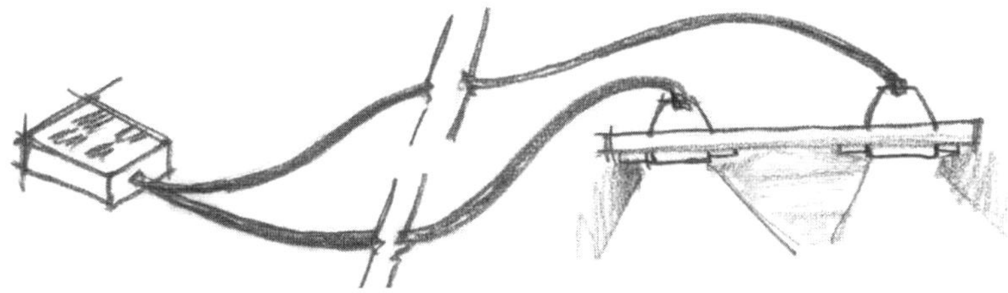

FIG. 22 – Fibra ótica com terminal de minispot.

Como os avanços tecnológicos "galopam", atualizar-se e pesquisar mais a fundo, adequando o tipo de lâmpada à função, é primordial. Esteja atento aos novos lançamentos de produtos.

- *Néon*: tubo com gás néon fabricado em diferentes formas e cores. Lâmpada utilizada somente para iluminação decorativa, por ser de baixa eficiência. Seu maior inconveniente é o ruído causado pelo reator.
- *Lâmpada led*: é uma lâmpada com tecnologia inovadora, podendo chegar a 80% de economia energética se comparada com uma similar incandescente. Bastante durável e compacta, esquenta muito pouco e pode ser encontrada em diferentes cores (branca quente e fria, vermelha, azul e amarela) e formatos. A tubular, por exemplo, não necessita de reatores e é conectada diretamente à rede. É ideal para iluminação de efeito e destaque e para iluminação de quadros e plantas, já que não emite raios UV ou infravermelho.

A luz segundo a função

Geral ou de fundo

É aquela que torna possível ver o projeto como um todo e que nos permite caminhar e circular pelos ambientes sem dificuldade.

FIG. 23 – Exemplo de iluminação geral por spots embutidos no forro.

Destaque

É a que personaliza o projeto, dirigindo nosso olhar e facilitando a identificação dos objetos.

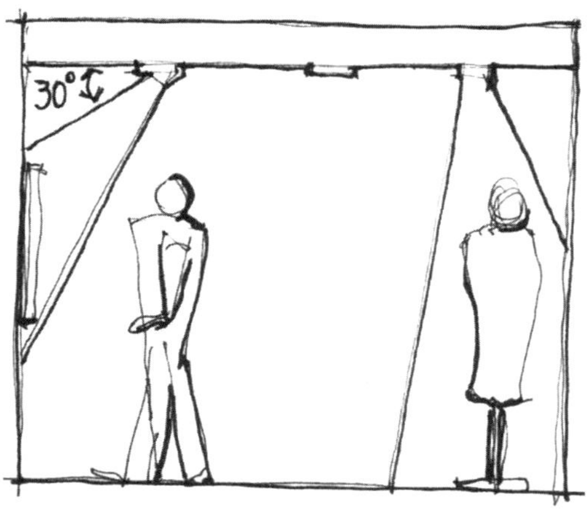

FIG. 24 – Iluminação de destaque por spot direcionável ou fixo.

Tarefa

Com facho concentrado, é utilizada para facilitar tarefas, ou seja: concentra e direciona a luz necessária, de forma constante e direta, para o desenvolvimento de atividades específicas.

FIG. 25 – Iluminação de tarefa na mesa ou no balcão facilita a execução de atividades. (Evite superfícies que reflitam demais a luz.)

A luz segundo a orientação do facho

Luz direta

Apresenta facho luminoso distinto. Quanto mais fechado o facho luminoso, maior o contraste entre luz e sombra. Muito utilizada para ressaltar texturas, criando centros de interesse. Pode ser utilizada para iluminação geral ou ainda como iluminação de destaque ou tarefa.

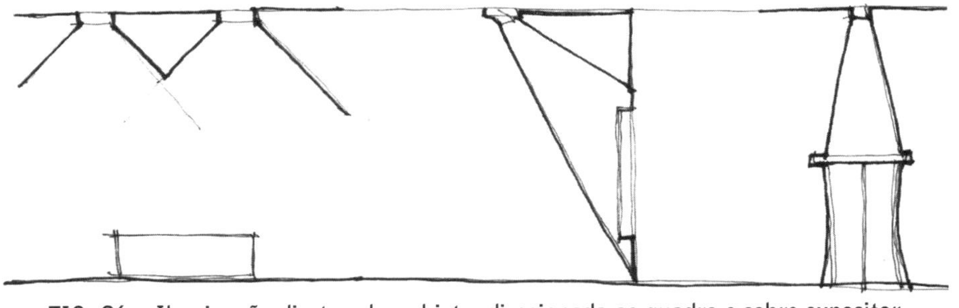

FIG. 26 – Iluminação direta sobre objeto, direcionada ao quadro e sobre expositor.

Luz indireta

A parede, o teto ou qualquer outra superfície são utilizados como um grande refletor para o facho de luz a eles direcionado. Pode ser utilizada para ampliar um pé-direito baixo.

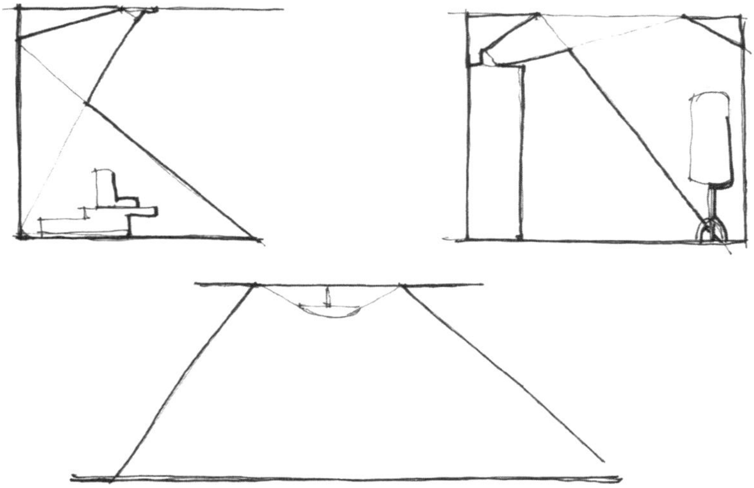

FIG. 27 – A iluminação indireta por reflexão evita reflexos indesejados.

Luz difusa

É uma luz mais homogênea, que se espalha pelo ambiente. Não apresenta um facho definido. Consegue-se esse efeito com lâmpadas fluorescentes ou com a utilização de luminárias leitosas. Seu efeito é chapado e pode ser bem monótono. Ideal para iluminação geral ou de fundo e quando se deseja uma atmosfera mais suave e impessoal.

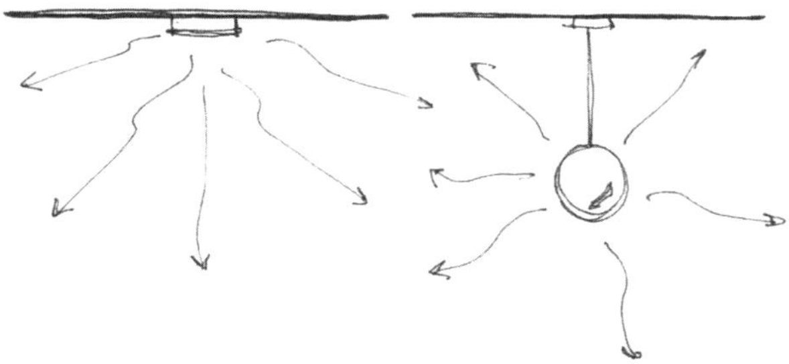

FIG. 28 – A iluminação difusa é suave e causa menos contraste entre claro e escuro.

Wall-washing

Efeito muito utilizado para realçar uma parede, criando destaque. Esse efeito jamais atinge o objetivo desejado se aplicado numa parede de tonalidade escura. Bastante utilizado em salas de reunião, escritórios e lojas, para personalizar o projeto.

FIG. 29 – O interessante efeito wall-washing pode ser criado por luminárias específicas ou simulado com spots instalados próximo à parede e entre si.

Built-in (luz embutida na arquitetura)

É uma solução que personaliza ainda mais o projeto, pela exclusividade e pela criatividade a ele relacionadas. Desenvolver um projeto de iluminação concomitantemente com o de arquitetura de interiores possibilita a criação de diferentes soluções de iluminação acopladas à arquitetura.

FIG. 30 – Built-in é um recurso bem personalizado, e existem no mercado luminárias próprias para esse fim.

A luz quanto aos seus efeitos

Para criar atmosfera

A iluminação é uma ferramenta muito boa para a criação da atmosfera do projeto. Uma luz clara é mais dinâmica, estimulando os movimentos e o trabalho; já uma luz amarelada é mais aconchegante e repousante.

Para criar pontos de interesse

Pode guiar os usuários de um espaço numa determinada direção "mais clara" do que as vizinhas. Numa loja, por exemplo, uma superfície bem mais clara nos fundos pode ser um bom atrativo para que as pessoas olhem para seu interior.

Para modificar imperfeições arquitetônicas

Caso a proporção do ambiente não seja boa, como um pé-direito muito baixo, utilizamos luminárias dirigidas para o teto com o objetivo de acentuar a altura e tornar o ambiente "visualmente mais alto". Na situação contrária, luminárias com facho direcionado para o piso tendem a diminuir a altura ao escurecer o teto.

Para alterar as características dos materiais

Uma iluminação de facho direto intensifica a textura da superfície a que está direcionada. Uma parede branca com textura se torna chapada se receber uma iluminação difusa, mas fica muito atraente com iluminação direta.

A escolha da luminária

Escolher uma luminária pode ser um processo rápido ou bem complicado, dependendo da utilização a que ela se destina. O conceito atual de lighting design procura explorar ao máximo o resultado da iluminação, e não a luminária por si só. Quanto menos notarmos a fonte de luz, melhor. O importante é a qualidade e a eficácia dos aparelhos escolhidos, assim como sua quantidade. As propriedades estéticas devem ficar mais restritas ao efeito da luz do que à peça em si. Salvo, é claro, em projetos que exploram a luminária como elemento decorativo e estético que influi na concepção da atmosfera e do caráter desejados.

A quantidade de luz gerada por uma única luminária varia de acordo com sua proximidade em relação ao plano de trabalho ou à superfície a ser iluminada. Portanto, em escritórios, é melhor aumentar o número de luminárias para conseguir melhor quantidade de luz. Em lojas, o problema é diferente: a visão concentra-se sempre no produto.

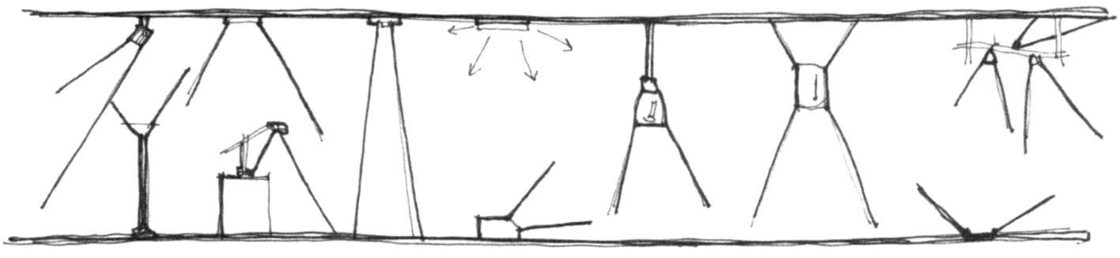

FIG. 31 – Diferentes luminárias apresentam diferentes fachos luminosos.

São tantos os modelos de luminárias existentes no mercado que podemos nos sentir completamente perdidos na hora de optar por uma específica. Como elas são desenvolvidas com diferentes propósitos e objetivos, fica mais fácil começar a escolha definindo:

- o tipo de lâmpada que se deseja utilizar;
- o efeito de luz que se pretende obter;
- a existência de propriedades para evitar ofuscamento nos olhos (se aplicável);
- a existência de propriedades para controlar raios UV (se aplicável);
- o local e a praticidade na instalação (na parede, no teto, embutida no forro, etc.);
- as características estéticas necessárias;
- a facilidade de manutenção.

A partir dessas definições, priorizadas segundo sua relevância no projeto a ser executado, fica mais fácil escolher entre as possíveis candidatas, bastando somente verificar a relação custo-benefício.

A iluminação de ambientes comerciais

Evite iluminar o céu e não ver mais as estrelas!

A luz é objeto de projeto. Devemos pensar e projetar como podemos utilizá-la para transformar a atmosfera atual do ambiente.

Procure, sempre que possível, desenvolver o projeto de iluminação concomitantemente com o de arquitetura de interiores, para que haja uma perfeita inter-relação entre eles.

O projeto de iluminação é complexo pela presença de inúmeras variantes e muitas vezes deve ser desenvolvido por profissionais da área, já que, quanto maior a área de projeto, maiores os cálculos e cuidados na especificação de produtos. Entretanto, é de fundamental importância que o profissional responsável pela arquitetura interna de ambientes comerciais ou residenciais tenha um conhecimento bastante relevante sobre o assunto para poder escolher e direcionar a iluminação para o caminho desejado.

Levantar

- *Função*: primeiramente devemos listar todas as funções dos ambientes a serem iluminados. Para cada uma delas provavelmente são necessárias diferentes lâmpadas e luminárias.
- *Perfil dos usuários*: a idade das pessoas, a concentração necessária e o tempo de permanência no ambiente são fundamentais.
- *Fatores físicos*: materiais, texturas, cores e dimensões dos ambientes devem ser verificados.

- *Elementos arquitetônicos*: verificar os que devem ser ressaltados ou escondidos.
- Legislação aplicável, normas técnicas e carga elétrica disponível para o projeto.

Considerar

- *Visão ergonômica*: as pessoas devem ver sem cansar a vista, aumentando a capacidade de trabalho.
- *Visão emocional*: o espaço deve ter uma imagem, uma atmosfera. A iluminação deve, além de iluminar, gerar emoção. A luz deve ser clara ou suave?

Pesquisar

- Novas tecnologias nacionais e importadas, e opções de sistemas, computadorizados ou não, de iluminação.

Garantir

- Conforto e bem-estar.
- Segurança aos usuários.
- Flexibilidade no sistema luminotécnico, se necessário com acionamento manual e automático.
- Fácil manutenção.
- Escolha correta das luminárias quanto à sua estética (se necessário).
- Eficiência das lâmpadas, dos reatores e das luminárias.
- Proteção dos objetos iluminados (contra danos dos raios UV).
- Completa interação entre o projeto arquitetônico e o de iluminação.

Escritórios

Anos atrás, iluminar um escritório significava distribuir iluminação difusa e homogênea pelo ambiente em questão. Esse método provou não ser realmente eficaz. Estudos revelam que, quanto maior a quantidade de luz e melhor a iluminação, melhor o resultado do trabalho ali desenvolvido. As pessoas tendem a trabalhar mais e melhor com boa quantidade de luz. Uma distribuição de luz equilibrada é mais econômica, flexível e racional.

O número crescente de computadores por escritório, com monitores cada vez maiores, além do rápido e constante desenvolvimento tecnológico, vem alterando o conceito de lighting design para escritórios, tornando-o mais aprimorado, inovador e complexo. São inúmeras as opções que utilizam recursos de iluminação altamente tecnológicos.

FIG. 32 – Iluminação geral difusa no teto e de tarefa sobre a mesa.

O projeto de iluminação deve ser composto por iluminação geral, com menor quantidade de luz, associada à iluminação de tarefa, concentrada nos pontos onde é necessária e, de preferência, com controles individuais.

Dependendo do projeto, podemos contar com uma iluminação de destaque que o personalize, ajudando a lhe dar um caráter especial.

A disponibilização da iluminação de tarefa com foco dirigido torna o projeto mais interessante, menos monótono, mais econômico e eficaz. A iluminação geral, difusa, suficiente para que as pessoas circulem e desempenhem atividades mais simples, pode ser proveniente de luminárias voltadas para o teto (sendo mais indicado o uso de lâmpadas de descarga HID), que o utilizem como um grande refletor, ou ainda de luminárias instaladas diretamente nele. Nesse último caso é necessário que as luminárias tenham proteção antirreflexo para evitar o ofuscamento dos olhos. As luminárias especialmente posicionadas para iluminação de tarefa também podem ofuscar a vista, o que torna aconselhável a presença de protetores contra esse inconveniente.

FIG. 33 – Iluminação geral no teto, de tarefa sobre a mesa e de destaque por spots direcionáveis.

As lâmpadas mais indicadas para a iluminação geral de escritórios são as fluorescentes, já que produzem naturalmente luz difusa e são ainda muito mais econômicas do que as incandescentes ou as halógenas.

Enquanto a iluminação geral dos escritórios é feita basicamente com luz fluorescente clara, mais branca, outras áreas de grandes escritórios, como cantinas, salas de espera, refeitórios, etc., podem ser iluminadas com lâmpadas amareladas, para ajudar a criar uma atmosfera mais personalizada e aconchegante.

Em salas de reuniões ou conferências, o ideal é contar com um sistema de iluminação que possibilite a criação de diferentes atmosferas conforme a necessidade de cada reunião. Boa iluminação sob os planos de trabalho é fundamental. Na maioria dos casos contamos com iluminação geral, de destaque e de tarefa.

FIG. 34 – Uma mesma sala pode fazer uso de diferentes recursos de iluminação.

Lojas

O projeto de iluminação de lojas deve ser cuidado com muito carinho, pois é fundamental no processo de venda de uma mercadoria. Ele deve estar em perfeita harmonia com a política de vendas da empresa, já que influencia os consumidores.

Lojas de departamentos, supermercados ou ainda lojas que comercializam produtos em grandes quantidades ficam mais bem iluminados com luz clara e bastante eficaz. Nesse caso a estética da iluminação não precisa ser muito considerada, pois os clientes sabem o que encontrar nessas lojas e comportam-se de maneira mais objetiva e racional.

O contrário ocorre nas lojas que procuram dar atendimento personalizado, que buscam se diferenciar da multidão de estabelecimentos comerciais. Elas ficam mais bem iluminadas com um projeto de iluminação geral, de destaque e de tarefa. Basicamente, essa iluminação deve ser menos intensa nas áreas de circulação e mais concentrada nas mercadorias. Quanto mais especializada a loja, quanto mais particular sua atmosfera, menor a quantidade de luz geral, bem como mais amarelada deve ser a cor da luz para criar mais aconchego e aproximação entre o lojista e o cliente.

Devemos lembrar que, embora existam certas dicas quanto ao tipo de iluminação a ser utilizado, o designer não deve jamais se esquecer de considerar primeiramente o caráter da loja, o tipo de mercadoria a ser iluminada e o público a que se destina, para então poder escolher o tipo de iluminação que mais se adapta ao projeto em questão.

Não existe iluminação que melhor valorize um produto do que a luz natural. A escolha do tipo de lâmpada está diretamente ligada ao tipo de mercadoria, e pode estimular ou não sua comercialização. Carnes, por exemplo, parecem sem sangue, pálidas, sob luz fluorescente. Para vender mais, devem estar dispostas sob o efeito de lâmpadas que gerem uma cor amarelada e quente.

As lâmpadas fluorescentes, embora mais econômicas, podem deixar o ambiente chapado e sem vida, já que não ressaltam nenhuma textura. As lâmpadas mais indicadas para uma iluminação atraente, que explore com sucesso as cores das mercadorias, são as incandescentes, as halógenas e as de descarga (HID).

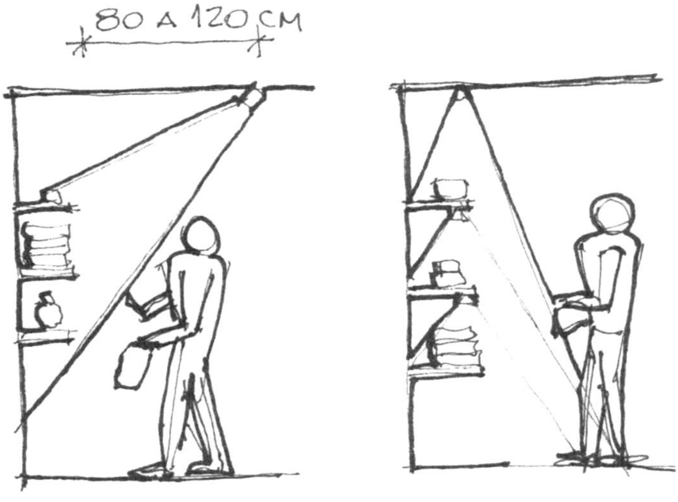

FIG. 35 – A iluminação correta de prateleiras ajuda na visualização das mercadorias.

As prateleiras também devem ser corretamente iluminadas, evitando o ofuscamento da vista e facilitando a visualização das mercadorias. São indispensáveis lâmpadas com boa reflexão de cor. Procure adaptar a cor da luz à cor dos produtos. A utilização de lâmpadas de coloração amarelada, por exemplo, é mais adaptada para produtos com coloração predominantemente vermelha ou marrom. Produtos azulados ou cinza ficarão mais atraentes se iluminados com lâmpadas de tonalidade branca.

A iluminação de provadores também deve ser cuidadosamente escolhida, pois são frequentes os ambientes insuportavelmente aquecidos por lâmpadas inadequadas.

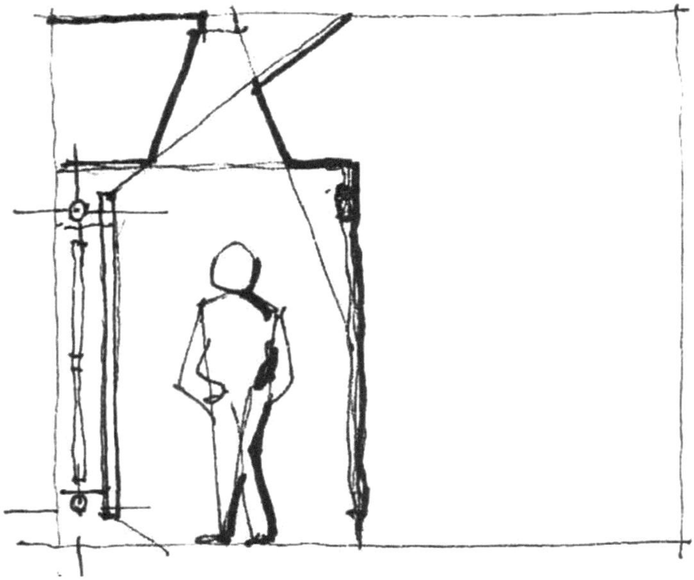

FIG. 36 – Provadores necessitam de iluminação adequada geral e, principalmente, frontal.

Os displays também merecem uma boa iluminação, sem ofuscamentos nem reflexos. Esteja, entretanto, atento para os materiais utilizados na sua confecção, já que as superfícies mais brilhantes são muito mais sujeitas a produzir reflexos.

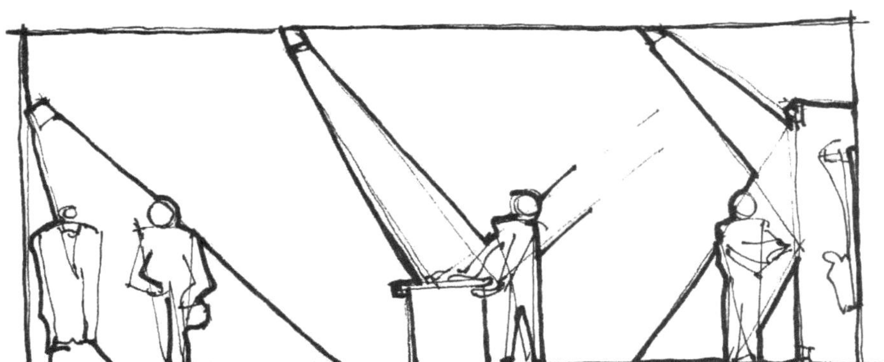

FIG. 37a – Iluminação com geração de reflexos.

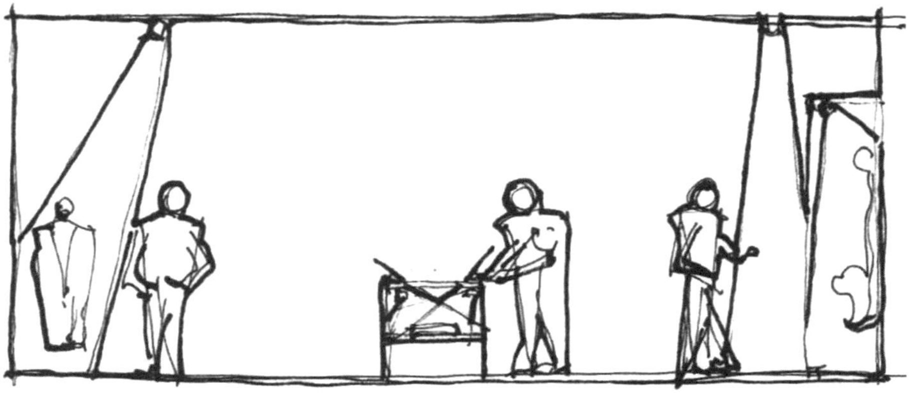

FIG. 37b – Iluminação correta, evitando reflexos.

Restaurantes

Em qualquer projeto comercial, a iluminação ajuda a identificar um estabelecimento que pratique a política de preços baixos (iluminação mais clara e homogênea) ou, ao contrário, estabelecimentos mais refinados e sofisticados (iluminação mais suave e amarelada). Ajuda também na definição da conduta dos consumidores, "acelerando-os" (iluminação branca e clara) para que haja maior rotatividade de clientes ou estimulando refeições mais tranquilas e sem pressa (luz amarelada e suave). É lógico que a luz não faz milagres por si só, mas, se coerente com a política da empresa, com a distribuição interna e o serviço prestado, ajuda num resultado de projeto global realmente harmônico.

A iluminação de restaurantes também está diretamente ligada ao caráter destes e às características desejadas para o projeto. São mais recomendáveis as lâmpadas incandescentes ou halógenas, já que as fluorescentes não favorecem a coloração dos alimentos em geral. Também são indicadas essas lâmpadas para restaurantes com ênfase em uma iluminação romântica, direcionada às mesas.

A utilização de arandelas é um recurso muito bom para garantir a distribuição de luz, mantendo uma atmosfera mais aconchegante.

FIG. 38 – Exemplos de iluminação de mesa.

Outra área do restaurante, a cozinha, deve ser muito bem iluminada, o que ajuda na rapidez e na disposição da equipe que ali trabalha.

■ COR

Pessoas de diferentes culturas e *backgrounds* respondem de maneiras diversas, física e psicologicamente, às cores, formas e texturas empregadas. Devemos utilizar as cores como ferramentas de projeto, visando a influenciar a *performance* dos usuários de determinado espaço.

Antes de mais nada, devemos lembrar que não podemos falar de cores independentemente de iluminação. Esse fato ocorre porque as cores podem ser bastante alteradas conforme a incidência da luz. A iluminação de um ambiente, por sua vez, também é completamente diferente, quanto à sua eficiência, dependendo das cores e tonalidades nele existentes.

Portanto, ao escolher uma cor, devemos checar como será a iluminação e vice-versa.

A textura das superfícies também é um elemento a ser considerado, já que altera a intensidade da cor aplicada sobre elas.

Podemos afirmar que, num projeto, as cores são em grande parte responsáveis pelo humor das pessoas que trabalham em determinado ambiente. Sabemos que as cores atuam em nosso subconsciente, fazendo que nos lembremos de determinadas sensações e influenciando, assim, nosso estado de espírito.

A escolha correta de um esquema de cores pode significar o sucesso de um projeto, pois ele pode interferir diretamente no espaço – tanto na concepção espacial propriamente, alterando visualmente suas dimensões e formas, quanto nas sensações e nos estímulos (produtividade, conforto, satisfação, entre outros) de seus usuários.

A utilização das cores pode ser tratada basicamente como um processo intuitivo. Entretanto, alguns recursos podem ser utilizados para ajudar na composição satisfatória de um projeto comercial.

Não utilizamos, por exemplo, tabelas ou regras para nos vestirmos diariamente; inconscientemente escolhemos e combinamos as cores. Porém, se levarmos em consideração algumas características básicas de certas cores e tons, poderemos fazer uso deles racionalmente em nosso benefício: rebaixando um teto muito alto ou aproximando uma superfície distante de nós e, quem sabe, consequentemente, alargando o ambiente.

Saber optar por uma cor é fundamental para que ela seja utilizada como ferramenta de projeto e não simplesmente como elemento decorativo na composição.

As cores podem, com toda a certeza, transformar um escritório num ambiente mais produtivo, incentivar as pessoas a consumir mais comida num restaurante ou ainda fazer que a permanência numa sala de espera não seja tão cansativa.

Atributos das cores

As cores apresentam três atributos ou dimensões visuais: matiz, valor tonal e saturação.

Matiz

O preto, o branco ou diferentes tons de cinza não são considerados cores.

Embora o número de cores seja infinito, encontramos doze matizes representados no círculo cromático.

São eles:

- *Três cores primárias*: - vermelho (magenta), amarelo e azul
- *Três cores secundárias*: - laranja (50% vermelho + 50% amarelo)
  - violeta (50% vermelho + 50% azul)
  - verde (50% azul + 50% amarelo)
- *Seis cores terciárias*: - vermelho-alaranjado (50% vermelho + 50% laranja)
  - vermelho-violeta (50% vermelho + 50% violeta)
  - amarelo-alaranjado (50% amarelo + 50% laranja)
  - amarelo-esverdeado (50% amarelo + 50% verde)
  - azul-violeta (50% azul + 50% violeta)
  - azul-esverdeado (50% azul + 50% verde)

FIG. 39 – Círculo cromático.

- *Cores complementares ou contrastantes*: as cores diretamente opostas no círculo cromático são chamadas complementares, e, como o próprio nome diz, suas propriedades se complementam, tendendo a equilibrar a composição.

FIG. 40 – Cores complementares.

- *Cores análogas:* são, no círculo cromático, as cores vizinhas ou adjacentes.

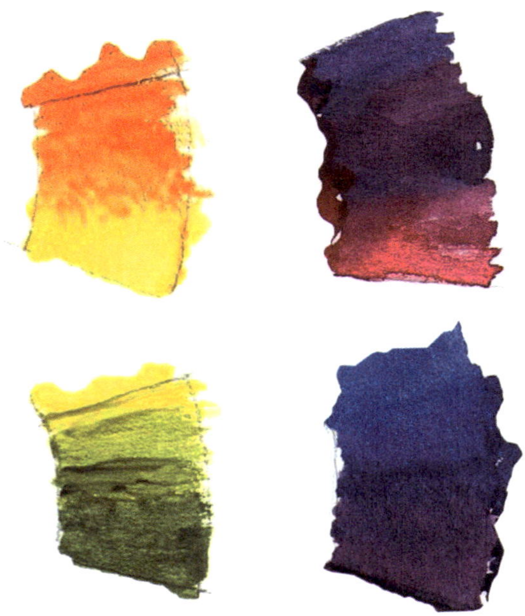

FIG. 41 – Exemplos de cores análogas.

Valor tonal

Está associado à quantidade de branco ou preto presente em determinada cor. Ou seja, pode ser uma cor de tonalidade clara, luminosa (tons pastel) ou escura (tons encorpados).

FIG. 42 – Exemplos de valores tonais do amarelo.

Saturação

Representa a intensidade de colorido de uma cor, dependendo da quantidade de cinza a ela adicionado. Na escala de saturação, o tom é o mesmo, o que muda é a intensidade da cor.

FIG. 43 – Exemplo de saturação do amarelo.

Temperatura

Podemos utilizar cores para aquecer ou resfriar um ambiente, já que elas possuem essa propriedade. As cores quentes, além de esquentar visualmente, aproximam as superfícies e são mais energéticas. São, portanto, ideais para grandes ambientes ou, por exemplo, para encurtar um corredor. Já as cores frias afastam as superfícies e são mais relaxantes, sendo ideais para ambientes pequenos.

FIG. 44 – Dependendo da quantidade dos diferentes matizes utilizados numa cor, as cores quentes ou frias podem ser consideradas mais ou menos quentes/frias.

- *Cores quentes*: vermelho, amarelo e laranja
- *Cores frias*: azul, verde e violeta

Esquemas de cores

Para que escolhamos um esquema de cores que se adapte ao projeto, precisamos conhecer as características psicológicas das cores, ou seja, como elas influenciam nossa mente e, consequentemente, como influenciarão as pessoas que vão trabalhar ou frequentar o espaço a ser projetado.

Esquemas mais conhecidos

- *Acromático*: nesse esquema são utilizados somente preto, branco e tons de cinza, ou seja, nenhuma cor.

  É uma opção sofisticada, podendo tornar-se bastante impessoal e ainda transmitir um pouco de autoritarismo e frieza (muita utilização de preto). Usar somente o branco pode tornar o ambiente frio, deprimente e cansativo. Abuse de texturas para criar mais movimento. Os hospitais e as clínicas já não fazem mais opção por esse esquema. Ele está sendo substituído por cores que estimulem e ajudem os pacientes. Pode ser utilizado em lojas ou galerias, para ressaltar os objetos em exposição, e em propostas mais contemporâneas.

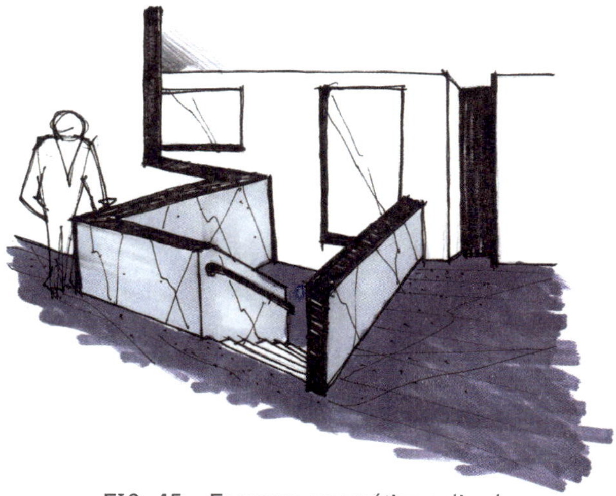

FIG. 45 – Esquema acromático aplicado.

- *Neutro*: alguns profissionais consideram o esquema neutro um esquema acromático. Adotei essa classificação por acreditar que é mais didática e de melhor compreensão.

  Como cores neutras, podemos classificar os tons de alguns elementos da natureza, como areia, sisal, algodão, cogumelo, terra e algumas tonalidades de marrom e bege, entre outras. Podem não ser consideradas nem quentes nem frias. Deixam os ambientes com uma atmosfera refinada e elegante. Como o nome diz, se utilizado nos elementos arquitetônicos, esse esquema neutraliza o "fundo" da composição, ou seja, o espaço compositivo.

  Muito utilizado em restaurantes sofisticados e halls de entrada, é uma excelente opção para ambientes onde são expostas obras de arte ou mercadorias de cores vibrantes, já que acentua as peças. Pode ajudar a criar um centro de interesse numa das superfícies do ambiente.

Nesse esquema, abuse de texturas para enfatizar a proposta. Projetos minimalistas frequentemente usam esse esquema.

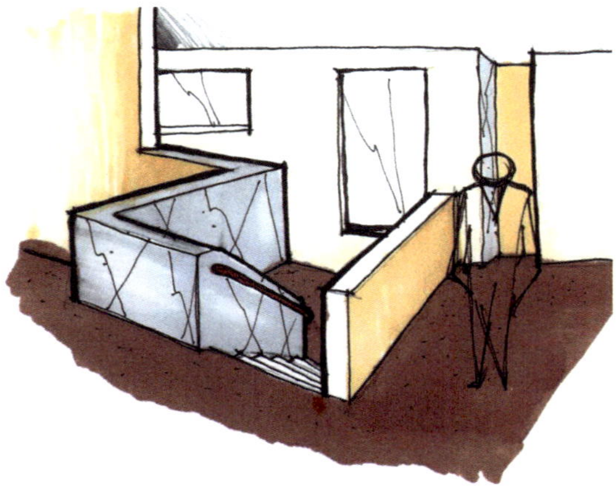

FIG. 46 – Cores neutras.

- *Monocromático*: como o próprio nome diz, essa opção faz uso de somente uma cor, que poderá ser utilizada em diferentes tonalidades, juntamente ou não com preto, branco, cinza ou ainda cores neutras. Ideal para ambientes pequenos.

  Esse esquema é bastante utilizado em home offices, lojas e consultórios. Ideal quando se deseja ressaltar a propriedade específica de uma cor, como a tranquilidade do azul-claro em um consultório dentário, a força do vermelho na parede de uma loja com pé-direito duplo, etc.

  Evite soluções óbvias e abuse de dramaticidade quando aplicável ao projeto.
- *Complementar*: esse esquema é, sem dúvida, muito harmônico. Segundo alguns autores, é, ao mesmo tempo, um dos mais difíceis de se equilibrar. Como utiliza cores opostas no círculo cromático, faz uso de cores contrastantes, podendo criar combinações vivas e vibrantes, cheias de energia, ideais para shopping centers, lojas de varejo ou qualquer outro tipo de ambiente comercial que se beneficie com essa energia. A combinação verde/vermelho é muito utilizada em restaurantes como fator identificador da cultura italiana.

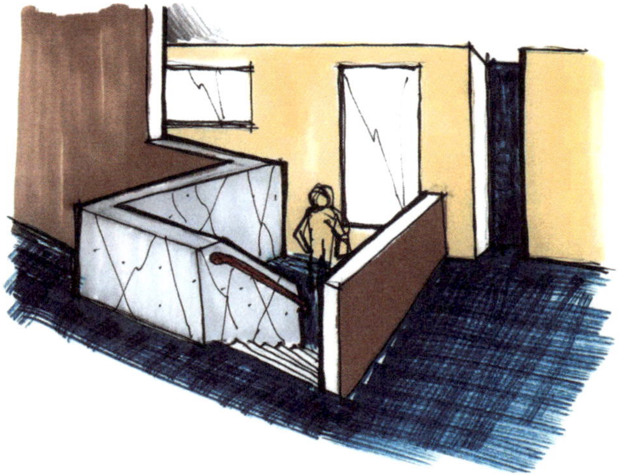

FIG. 47 – Esquema monocromático que adota o azul como cor básica.

FIG. 48 – Complementares, violeta e amarelo dão vida ao ambiente.

- *Triádico*: a maioria dos autores considera esse esquema aquele que emprega as três cores primárias (azul, vermelho e amarelo). Entretanto, alguns também consideram triádico qualquer esquema que utilize três cores equidistantes no círculo cromático.

FIG. 49 – Azul, amarelo e vermelho compõem esse esquema triádico.

Um esquema com as três cores primárias, na maioria das vezes, é mais indicado para ambientes comerciais amplos e que necessitem de uma atmosfera dinâmica, como escolas, academias de ginástica, creches, etc.

Para conseguir um resultado mais sofisticado e menos vibrante, deve-se optar por tonalidades pastel ou fechadas (tons acinzentados).

É também considerado um dos mais difíceis esquemas, pois pode deixar o ambiente confuso e extremamente vibrante.

- *Análogo*: baseia-se numa composição que utiliza cores análogas, ou seja, próximas no círculo cromático.

  Esse esquema pode criar ambientes bem interessantes, já que as cores análogas parecem estar "umas dentro das outras". Pode ser utilizado para aquecer (análogas quentes) ou esfriar (análogas frias) ambientes.

FIG. 50 – Análogas do violeta e cores neutras.

Influência das cores

Psicológica

As cores exercem grande influência em nosso estado de espírito e, consequentemente, em nosso comportamento.

- O branco está ligado à higiene e à saúde. É a cor da paz, mas pode deprimir, pois está associado a hospitais.
- O preto é escuridão e pode deprimir se utilizado em excesso. Para alguns pode significar sofisticação e para outros, tristeza.
- O cinza é a mistura de branco e preto e está associado à sabedoria, ao estresse e à fadiga.
- O azul, o verde-azulado e o verde, em tons claros, acalmam, relaxam e refrescam, combatendo o estresse. Tons vivos de azul podem transmitir paz. Já o azul-marinho, se utilizado em grandes áreas, pode deprimir e estimular introspecção.

- O verde está associado à harmonia, à honestidade, à estabilidade e à confiabilidade. Pode estimular o silêncio e a concentração e não favorece discussões. Em locais de trabalho mais dinâmicos, associe-o com sua cor complementar, o laranja.
- O violeta ajuda a desenvolver a percepção, mas, em tons fortes, pode deprimir. Deve ser evitado em ambientes onde se realizem atividades que exijam dinamismo. Se utilizado para estimular a intuição, deve ser combinado com sua cor complementar, o amarelo, para estimular o cérebro e consequentemente criar uma atmosfera mais dinâmica. O tom lavanda ajuda na auto-estima, além de tranquilizar e refrescar.
- O vermelho é dramático e vibrante. Pode estressar, irritar ou transmitir sensação de claustrofobia se utilizado em tons fortes e em grandes áreas. Possui a propriedade de atuar no plano racional das pessoas, deixando-as mais diretas e objetivas. Pode estimular demais a agressividade e discussões fervorosas. Aumenta o apetite e acelera as ações, já que estimula fortemente nosso cérebro.
- O magenta é a cor de maior vibração e com maior energia de transformação, induzindo a mudanças.
- O amarelo é infantil, alegre e divertido. Estimula a criatividade, a comunicação entre as pessoas, o intelecto e o poder. Matizes puros e vivos devem ser evitados em ambientes muito pequenos, pois podem estimular demais nosso cérebro.
- O laranja possui a energia do vermelho e a intelectualidade do amarelo. É aconchegante, estimula o otimismo e a socialização e eleva o espírito. O laranja é considerado a cor da criatividade, da alegria e do humor. É antidepressivo, mas deve ser utilizado com cuidado em pessoas que se estressam ou que se agitam facilmente. Ajuda a digestão e acelera o raciocínio.

Simbólica e cultural

É importante lembrar que, para diferentes culturas, uma mesma cor pode induzir a diferentes estados emocionais, pois cada cultura tem seu próprio modo de interpretar as cores e seu próprio simbolismo associado a elas. Por exemplo, o branco, que para nós, ocidentais, está associado à paz, na cultura oriental está ligado à morte.

Com a globalização e a possibilidade de certos projetos serem idealizados numa parte do mundo e executados em outra, a compreensão e o domínio dessas influências no comportamento das pessoas em diferentes culturas ajudam no sucesso de determinado projeto.

Essas diferenças culturais e os simbolismos são ferramentas fundamentais quando buscamos criar, por exemplo, um ambiente que nos transporte para determinado país. A utilização de cores vibrantes num restaurante mexicano ou de cores sóbrias numa loja que venda roupas clássicas é fundamental para criar a atmosfera desejada.

Na funcionalidade do ambiente

Outro aspecto a ser considerado é a utilização da cor como elemento sinalizador ou, ainda, orientador da circulação. Quando queremos fazer desaparecer um elemento arquitetônico, como uma viga ou um pilar, podemos transformá-lo num elemento de fundo na composição ao pintá-lo da mesma cor do teto ou da parede, respectivamente. Já quando queremos tornar visível uma porta ou um trajeto a ser seguido, basta destacar essa porta ou o caminho usando cores fortes ou contrastantes. Esse recurso é amplamente utilizado em hospitais e clínicas, onde o piso, em diferentes cores, ajuda na circulação e na orientação dos pacientes.

A utilização de cores distintas nas paredes de diferentes áreas de um escritório ou de uma loja, por exemplo, pode ajudar na localização dos diferentes setores.

As cores ainda podem ajudar quanto à temperatura dentro dos ambientes. A utilização de cores frias na cozinha de um restaurante voltado para o oeste, com forte sol da tarde, pode tornar possível a permanência dentro do ambiente em questão.

A influência das cores deve ser compatível com as atividades a serem executadas em cada ambiente de trabalho e facilitar a ocorrência dessas tarefas da forma desejada.

Uma sala de reuniões em tonalidades vermelhas pode tornar impossíveis discussões equilibradas e pouco fervorosas entre as pessoas.

Na sensação espacial

As cores frias afastam as superfícies, devendo ser utilizadas para ampliar ambientes pequenos. Em tonalidades claras, ajudam na reflexão da luz e na claridade do ambiente.

Cores quentes aproximam as superfícies. São ideais para "encurtar" visualmente corredores longos ou ainda transformar ambientes grandes em espaços mais acolhedores.

Essas propriedades das cores podem ser utilizadas para corrigir imperfeições da arquitetura, alterar a proporção do ambiente, rebaixar ou aumentar o pé-direito.

Princípios do design

■ EQUILÍBRIO

Uma composição equilibrada é uma composição que podemos chamar de "correta". É lógico que podemos ter, propositalmente, a falta de equilíbrio como objetivo de projeto, mas, salvo esse tipo de exceção, nossa meta é a busca do equilíbrio compositivo.

Equilíbrio simétrico

É um modo formal de organização espacial, previsível, menos suscetível a erros e com um eixo de equilíbrio bem determinado. Utilizamos essa forma compositiva quando o ambiente deve ser mais formal ou quando queremos chamar a atenção para um ponto determinado – que será o centro do eixo. Ideal para ambientes clássicos e sóbrios.

FIG. 51 – Equilíbrio simétrico com o eixo central na porta de entrada.

FIG. 52 – Equilíbrio simétrico com alteração do eixo pela adição de cor em uma das paredes.

Equilíbrio assimétrico

Uma opção dinâmica, informal e espontânea. Esse tipo de equilíbrio deve estar presente em projetos de empresas versáteis, modernas, que ousam. É um recurso que pode ajudar a dar mais amplitude e informalidade ao ambiente. Muito utilizado em projetos minimalistas e contemporâneos.

FIG. 53 – No equilíbrio assimétrico, o peso visual das diferentes janelas se equilibra num eixo que passa pela porta de entrada.

Equilíbrio radial

Esse tipo de equilíbrio é conseguido quando os elementos compositivos estão harmonicamente dispostos segundo um movimento circular, ao redor ou na direção de um centro de interesse.

Desequilíbrio

Um espaço em desequilíbrio pode sugerir que há falta de equilíbrio na empresa, e por isso só deve ser utilizado se for esse o objetivo do projeto. (Pode passar uma mensagem de empresa caótica, de falta de comunicação entre os diferentes setores que a compõem. A falta de equilíbrio está ligada à falta de harmonia.)

FIG. 54 – Exemplo de equilíbrio radial.

■ RITMO

É basicamente esse elemento que ajuda a garantir um projeto coerente e a criar movimento. Evite a repetição exagerada, pois ela pode gerar uma composição caótica. Pode ser utilizado também para integrar diferentes espaços de um mesmo projeto.

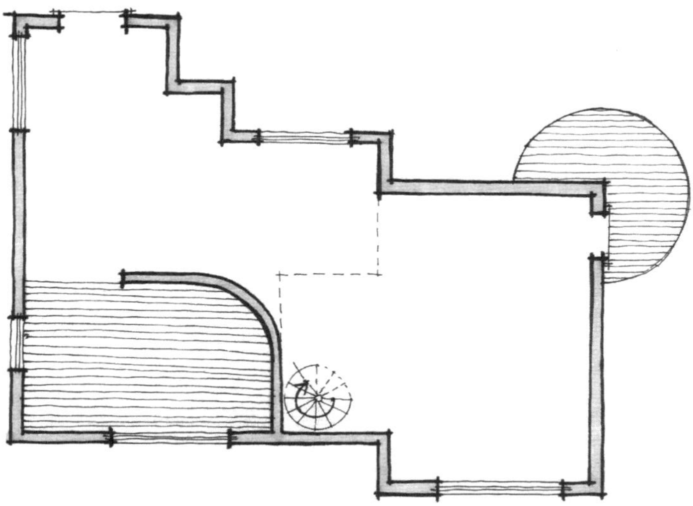

FIG. 55 – O ritmo é obtido com a repetição da textura do piso no deque, com a forma da escada e do deque e com o movimento das paredes.

■ HARMONIA

Todo projeto deve ser harmônico e coerente. Preferencialmente, deve representar um conjunto de ideias, e não ideias diferentes sem nenhuma associação.

Consciente ou mesmo inconscientemente, buscamos a harmonia em tudo aquilo que criamos e fazemos.

■ UNIDADE

É a coerência entre a filosofia da empresa e o espaço onde está representada. Deve haver coerência entre cores e materiais, nas formas e nos ambientes de um mesmo projeto. Esse elemento é fundamental, pois garante que a empresa seja representada em todos os seus ambientes da mesma forma, segundo os mesmos princípios que a regem.

■ TAMANHO, ESCALA E PROPORÇÃO

Tamanho

O tamanho dos objetos ou ambientes é relativo, podendo um balcão ser pequeno para uma escola, mas grande para um consultório. Uma sala pode ter tamanho ideal para uma sala de aula, mas ser pequena para uma sala de reuniões.

Escala

A escala se refere à relação dos ambientes ou objetos entre si. Podemos dizer que um projeto de interiores atinge uma escala agradável quando os objetos estão em conformidade com o tamanho dos ambientes, quando as dimensões dos móveis estão em conformidade com as dimensões humanas, e quando eles não parecem estar distorcidos quanto às suas dimensões originais. O designer deve optar entre uma escala mais aconchegante ou ampla. Para tanto, é indispensável total clareza quanto às diretrizes e metas do projeto.

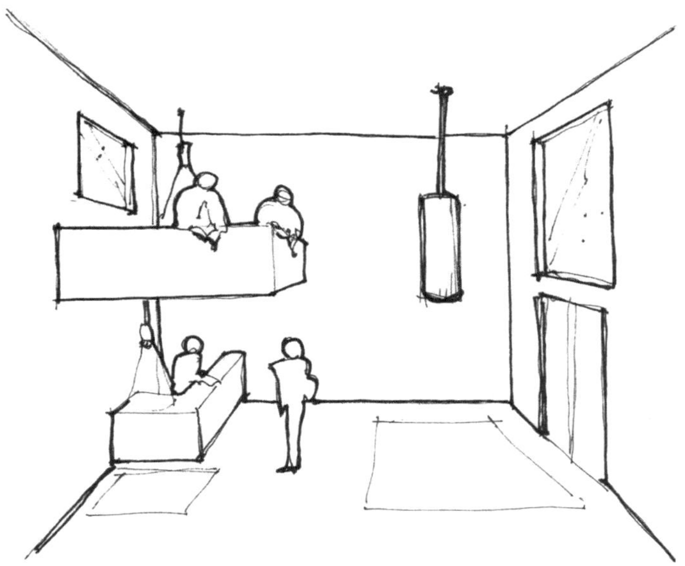

FIG. 56 – A correta utilização da escala e da proporção num projeto pode ser identificada nesse exemplo.

Proporção

A proporção é analisada quando verificamos a relação entre o tamanho e as dimensões de diferentes objetos pertencentes a um mesmo projeto. A correta proporcionalidade num projeto traz harmonia. Um ambiente pequeno com altíssimo pé-direito pode criar uma sensação de desconforto ou de falta de proteção. Já pés-direitos duplos num shopping center podem causar a sensação de que estamos andando numa rua, a céu aberto, sendo assim altamente gratificante.

■ CONTRASTE

Esse elemento é fundamental, pois pode acrescentar mais vida e movimento ao projeto, deixando-o bem interessante, já que, por exemplo, um mesmo material escolhido para uma parede causa impressões diferentes dependendo dos materiais dispostos próximo a ela. Podemos explorar o contraste em cores, texturas, materiais, padronagem, iluminação, ou ainda entre antigo e novo ou tecnológico e primário.

■ ÊNFASE E CENTROS DE INTERESSE

Podemos dizer que os centros de interesse são os elementos responsáveis pela comunicação direta entre o espaço e seus usuários. São os pontos focais do projeto, os locais para os quais o designer quer que os usuários olhem; são os pontos importantes que devem chamar a atenção dos usuários do espaço.

A existência de diferentes pontos de interesse próximos entre si pode confundir as pessoas, distraí-las e fazer com que olhem tudo, mas não vejam nada. Use os centros e a ênfase para direcionar, para focar a atenção em determinada parte do projeto, como uma recepção, uma caixa, um telefone público, etc.

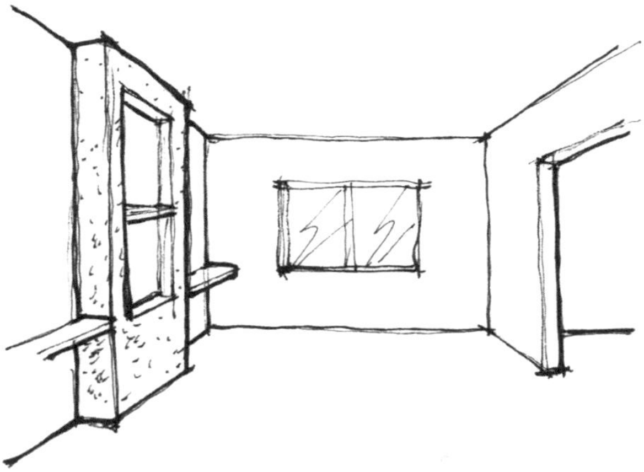

FIG. 57 – Ênfase estabelecida pela criação de um nicho.

■ VARIEDADE

Explorar diferentes formas, linhas, luzes, materiais, texturas e cores é buscar a variedade. Cuidado para não cair num projeto descoordenado e estressante. Varie, sim, mas com cautela, buscando diferenciar o projeto sem comprometê-lo.

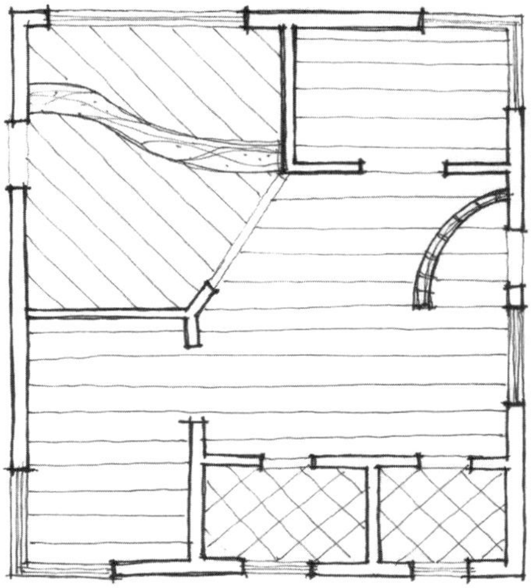

FIG. 58 – A variedade é conseguida com a utilização de diferentes elementos.

Fatores que influenciam o design

O resultado final da composição dos elementos do design é influenciado diretamente pela função para a qual foi projetado o ambiente, pelos materiais utilizados para concretizar o projeto, pelas novidades tecnológicas e suas aplicações no projeto e pelo estilo escolhido. Cada vez mais, a sustentabilidade e a ecologia estarão influenciando o design, já que são conceitos importantíssimos que devem ser considerados em qualquer processo criativo.

Por esse motivo, devemos estar atentos às novidades quanto aos materiais disponíveis no mercado e, principalmente, aos novos recursos. No projeto como um todo, e em cada um dos ambientes que o compõem, é indispensável compreender as atividades a serem ali executadas. Saber avaliar, julgar e estimar as necessidades de cada ambiente, compreendendo corretamente sua função dentro do contexto geral do projeto, é fundamental para um projeto bem-sucedido. A má interpretação de uma tarefa a ser realizada num ambiente pode acarretar a escolha incorreta de materiais, cores, lâmpadas, etc.

■ MATERIAIS

Cada material apresenta diferentes características e propriedades que permitem inúmeras combinações e, consequentemente, diferentes resultados compositivos. A escolha personaliza o projeto e deve conter materiais com características compatíveis com as necessidades de cada ambiente.

Especificação dos materiais

Características funcionais

Durabilidade, resistência, manutenção, aspectos térmicos, acústicos e antiderrapantes. Considerar e avaliar as características funcionais dos materiais a serem utilizados é fundamental para um correto funcionamento do ambiente. Ou seja, cada tarefa a ser realizada num ambiente requer determinado desempenho dos materiais empregados; caso esse desempenho não seja satisfatório, o ambiente pode não ser apropriado para a função a ele designada.

Superfícies mais porosas captam mais poeira e são de manutenção mais difícil. Quanto mais lisas, mais fáceis de limpar. Superfícies escuras mostram mais a poeira, enquanto as de tonalidades claras a escondem, mas sujam-se com maior facilidade.
Um ateliê de costura com uma bancada escura apresenta sempre um aspecto "empoeirado".

Características estéticas

Forma, função, cores, texturas, padrões e acabamento. A atmosfera a ser criada no ambiente está diretamente relacionada com as características estéticas dos materiais. Estes também estão cobertos de simbolismos, gerando diferentes interpretações e estímulos. Um escritório que queira refletir uma imagem de solidez deve ter materiais "sólidos" na composição de seu projeto; uma empresa que queira expressar a tecnologia que utiliza deve, assim, utilizar materiais que representem essa tecnologia. Da combinação dessas características depende o sucesso visual do projeto.

Basicamente, podemos dizer que os materiais podem ser de aparência dura ou macia. Consideramos duros materiais como ferro, tijolo, mármore, azulejos e cerâmicas, vidro, vinil, aço, cromo, bambu, madeira, concreto, etc. Já materiais como algodão, seda, veludo, couro, sisal, lã, tapetes orientais, pinturas acetinadas (*satinées*), etc. são ditos macios ou confortáveis. A combinação de diferentes materiais com características opostas pode ajudar a equilibrar e harmonizar um ambiente.

Quanto mais brilhante o material, maiores as chances de escorregões.
Os banheiros, lavatórios e vestiários também merecem muita atenção quanto aos materiais de revestimento. Nem sempre o mais bonito é o mais seguro. Verifique a caída do piso para evitar empoçamentos perigosos.

Características econômicas (custo e relação custo-benefício)

O total sucesso de um projeto está ligado também ao fato de mantermos ou não o orçamento inicial. Por esse motivo, analisar as características econômicas dos diferentes materiais é fundamental. Lembre-se de que podemos atingir as mesmas características funcionais e estéticas com mais de uma opção de material, ou seja, as características econômicas podem ser decisivas numa determinada escolha.

Características visuais

Opacidade, transparência e translucidez. Os materiais que não transmitem luz são ditos opacos. Os que permitem a passagem da luz e a visão através deles são transparentes; e os que permitem a passagem da luz, mas sem visibilidade, são translúcidos.

Características sustentáveis e ecológicas

Cada vez mais, os materiais serão avaliados por suas características sustentáveis e ecológicas, ou seja, quanto "dano" causam ao meio ambiente durante seu processo de fabricação, transporte, armazenamento, etc. Madeiras provenientes de reflorestamento, por exemplo, são muito mais indicadas do que aquelas resultantes de desmatamento ilegal. Cerâmicas vêm sendo produzidas por meio de processo de reciclagem, ajudando assim o meio ambiente. Com isso, as indústrias vêm buscando uma versão mais coerente com os novos padrões sustentáveis e ecológicos para diferentes materiais. A pesquisa mais uma vez mostra-se relevante.

TECNOLOGIA

A tecnologia influencia o design não somente porque possibilita a criação de novos materiais, mas também porque permite que muitos materiais sejam utilizados em funções diferentes daquelas para as quais foram criados.

A tecnologia altera nosso modo de viver e de nos relacionar. Interfere nas relações pessoais e de trabalho, redimensionando nosso mundo. Portanto, quanto maior o avanço tecnológico, mais tendemos a mudar nossa vida e mais ainda somos estimulados a criar novas soluções para antigos e novos problemas.

Se analisarmos a evolução tecnológica e as mudanças sociais que ela causa, fica óbvia a grande influência que exerce na criação e no design.

Lembre-se de que cada vez mais opções diretamente relacionadas a tecnologias que produzam menos poluição, que gerem menos refugo e que consumam menos energia

deverão ser adotadas em todas as etapas, do processo criativo ao produto final.

■ ESTILO

Esse é um ponto polêmico entre profissionais de diversas áreas. O que na realidade é estilo? Alguns o definem como o somatório das características e particularidades que representam, em determinada época, um modo de viver associado a um momento histórico.

Seriam, assim, classificados e identificados como estilos o *art nouveau*, o *art déco*, o modernismo, o *hi-tech*, etc. Segundo essa definição, entendemos e relacionamos os materiais, as formas, as linhas, as cores e as soluções criativas nas diferentes épocas ao que estava acontecendo na sociedade, na economia, na tecnologia.

Fica, portanto, fácil entender por que as casas vitorianas eram cheias de bibliotecas e ornamentos, pois, para a época, a quantidade de livros estava diretamente relacionada com a importância, a sabedoria e a riqueza das pessoas. Os livros começavam a ser produzidos em quantidade e deveriam estar expostos nas casas para atestar conhecimento. Os ornamentos também representavam riqueza, já que uma verdadeira legião de "novos-ricos" passara a fazer parte das camadas altas da sociedade e pretendia, por meio das riquezas das habitações, tornar público o sucesso alcançado.

Já o estilo modernista estabeleceu-se, no pós-guerra, como símbolo de um mundo livre, desconectado de tradições do passado. Pregava um mundo melhor e um modo de viver em concordância com a nova era tecnológica que despontava. Novas formas foram adicionadas ao mobiliário graças à nova tecnologia dos materiais utilizados em aeronaves. Esse estilo modernista também é chamado de "estilo internacional".

Acredito que a polêmica quanto à terminologia começou quando a palavra "estilo" passou a ser utilizada também para definir aspectos culturais de um país ou região, sem ligação com qualquer momento histórico, como "estilo oriental", "estilo africano", etc. Como estilo também é uma palavra muito utilizada no mundo da moda, estabeleceu-se a confusão.

Design para pessoas que necessitam de cuidados especiais

A livre locomoção e o acesso aos lugares e às coisas devem ser garantidos a todas as pessoas sem distinção, o que quer dizer que aqueles responsáveis pela criação de espaços, objetos ou tarefas devem garantir acessibilidade a todos.

Podemos dizer que as crianças, os idosos e os deficientes físicos ou mentais fazem parte da faixa da população que merece atenção especial.

A Lei nº 11.345/93,[2] o Decreto nº 5.296 de 2 de dezembro de 2004 e a norma técnica NBR 9050 (feita pela Associação Brasileira de Normas Técnicas e válida a partir de 30-6-2004) asseguram, como na maioria dos países, que nenhum imóvel comercial seja construído ou reformado sem levar em consideração as pessoas portadoras de deficiência. Enquanto a lei, o decreto e a norma procuram assegurar acesso, conforto e fácil locomoção em locais públicos e comerciais para essa faixa da população brasileira, os idosos e as crianças contam com nosso bom senso.

A Associação Brasileira de Acessibilidade (Abra – www.acessibilidade.org.br) procura informar, treinar e ajudar a eliminar barreiras promovendo acessibilidade às pessoas.

---

[2] *Novo Código de Obras e Edificações do município de São Paulo* (São Paulo: Sinduscon/Pro Editores, 1992).

Projetos novos ou reformas são avaliados diferentemente, portanto, consulte a legislação antes de começar a projetar.

Não é possível admitir uma loja, uma escola, um escritório ou qualquer outro estabelecimento comercial que não considere uma acessibilidade total. Portanto, existem alguns fatores que devem ser considerados, checados e avaliados cuidadosamente.

Quem devemos considerar na fase de criação:

- deficientes físicos, totais ou parciais;
- pessoas com deficiência auditivas totais ou parciais;
- deficientes mentais;
- deficientes múltiplos;
- pessoas com mobilidade reduzida permanente ou temporariamente como, por exemplo, gestantes, idosos e crianças.

A Prefeitura de Santos (SP), por exemplo, criou um guia de acessibilidade em projetos arquitetônicos (www.santos.sp.gov.br/acessibilidade/guia.php). Destinado aos profissionais da área, visa criar diretrizes e regras que superem barreiras físicas importantes para deficientes e pessoas com mobilidade limitada.

Quais são algumas das possíveis variantes em questão?

- largura de portas e corredores (ver capítulos 2, 3 e 5);
- tipo de maçaneta;
- inclinação, comprimento e largura de rampas de acesso (ver capítulo 3);
- elevadores;
- sanitários (ver capítulo 6);
- mobiliário;
- materiais.

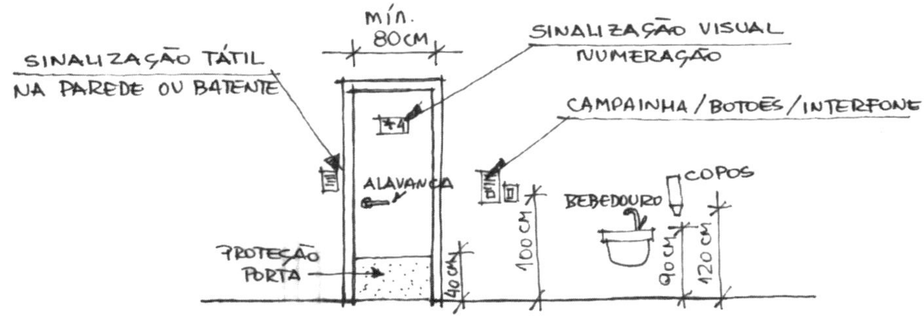

FIG. 59 – Exemplo de porta adaptada.

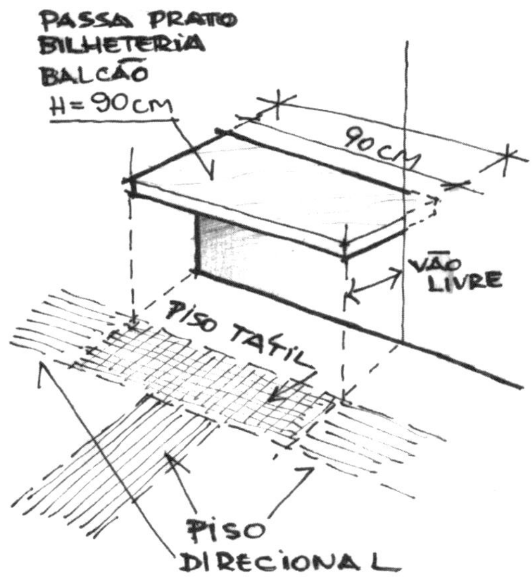

FIG. 60 – Exemplo de altura de balcão, pia de copa/cozinha e mesa.

Em qualquer dos casos existem algumas considerações, muitas vezes óbvias, que vale a pena relembrar:

- Evite desníveis quando desnecessários, ou sinalize os inevitáveis.
- Prefira cantos arredondados no mobiliário.
- Instale barras de segurança onde achar conveniente.

- Escolha corretamente materiais e cores.
- Instale acendimento por sensor onde convier.
- Instale campainhas nos banheiros de consultórios.
- Proteja as tomadas baixas contra o acesso de crianças.
- Projete, sempre que possível, um espaço com livros ou brinquedos para as crianças; assim, elas ficarão concentradas num mesmo local e se manterão ocupadas, evitando tocar em mercadorias ou fazer barulho.
- Portas do tipo vaivém são práticas em restaurantes, mas devem ser supervisionadas para evitar acidentes.
- Instale uma campainha com sensor na entrada da empresa para evitar esperas indesejáveis.
- Em recepções ou em empresas onde as pessoas devem caminhar por uma longa distância entre diferentes setores, proporcione um "local de parada" para repouso, caso venha a ser necessário.
- Sinalize as portas e divisórias de vidro.
- Ao utilizar plantas decorativas, evite pedregulhos ou pedrinhas como decoração dos vasos: elas são um perigo para as crianças pequenas.
- Na porta de entrada, coloque um recipiente apropriado para os guarda-chuvas, evitando que a água molhe o piso e provoque acidentes.
- Uma poltrona próxima à porta de entrada/saída ou mesmo no hall do elevador pode ser útil na espera por um táxi ou carona.

3

Elementos construtivos

Piso

Podemos dizer que o piso é uma das maiores superfícies num ambiente. Portanto, será de considerável influência no resultado final do projeto, desde sua manutenção até o caráter escolhido. Mesmo que neutralizado, deixado no fundo da composição com a menor interferência possível na estética, ele influi na acústica, na reflexão da luz e na manutenção dos ambientes.

Dependendo do clima, da atmosfera desejada, das características particulares do ambiente, das funções a serem ali realizadas, etc., inúmeros são os materiais existentes no mercado que podem ser utilizados. Cada um deles causa um efeito visual com diferentes estímulos sensoriais, dependendo das suas características intrínsecas.

Lembre-se de que, quanto menor o projeto, melhor é uniformizar o piso pela tonalidade, independentemente das texturas ou dos materiais escolhidos. Esse procedimento causa maior integração dos ambientes e, consequentemente, um efeito visual de amplitude.

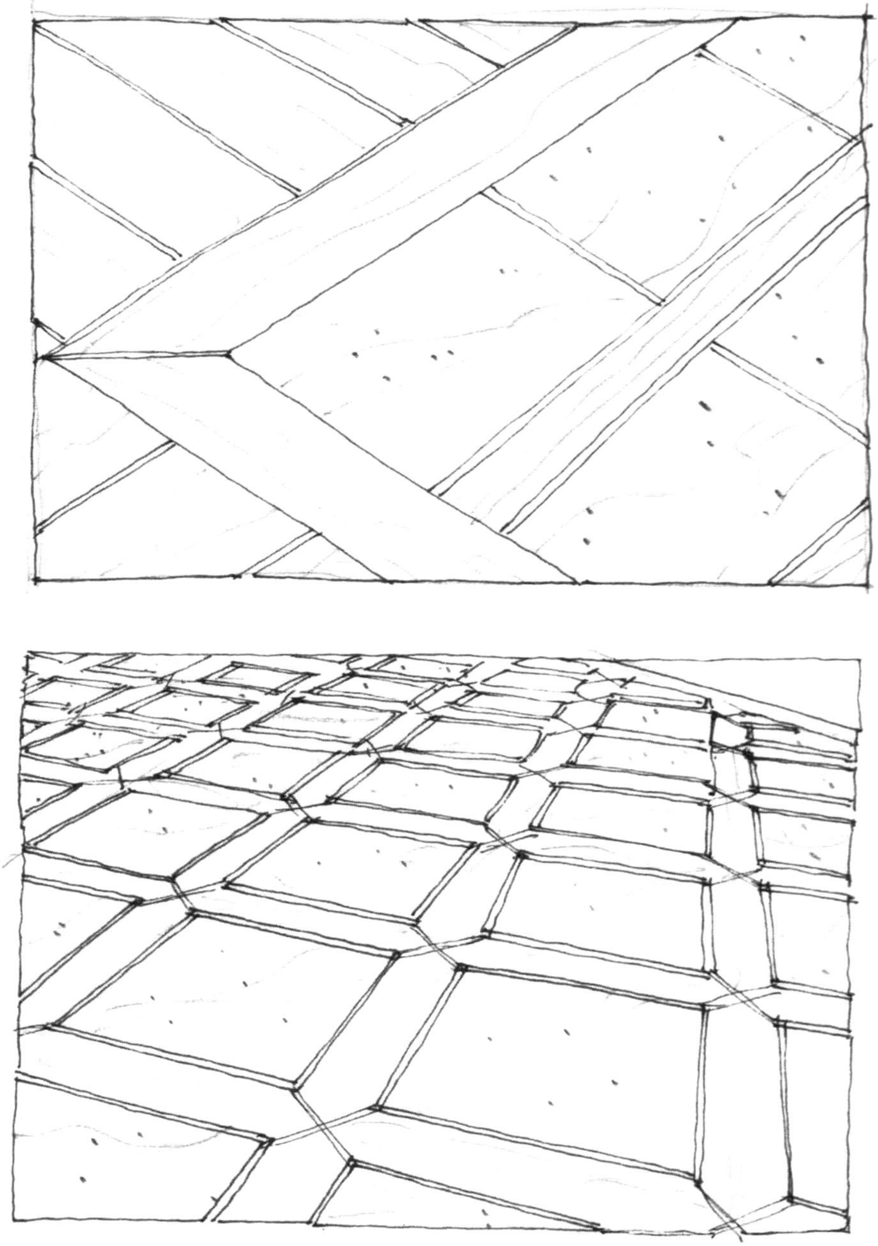

FIG. 61 – Texturas dos pisos: a combinação de diferentes materiais pode resultar em soluções diferenciadas e bem interessantes.

Utilize as linhas criadas na área do piso para ampliar e integrar ambientes menores. Diferentes materiais podem acrescentar ao projeto o mesmo tipo de linha. Por exemplo, tanto o carpete como a cerâmica, a madeira e o vinil podem ter estampagem com linhas diagonais.

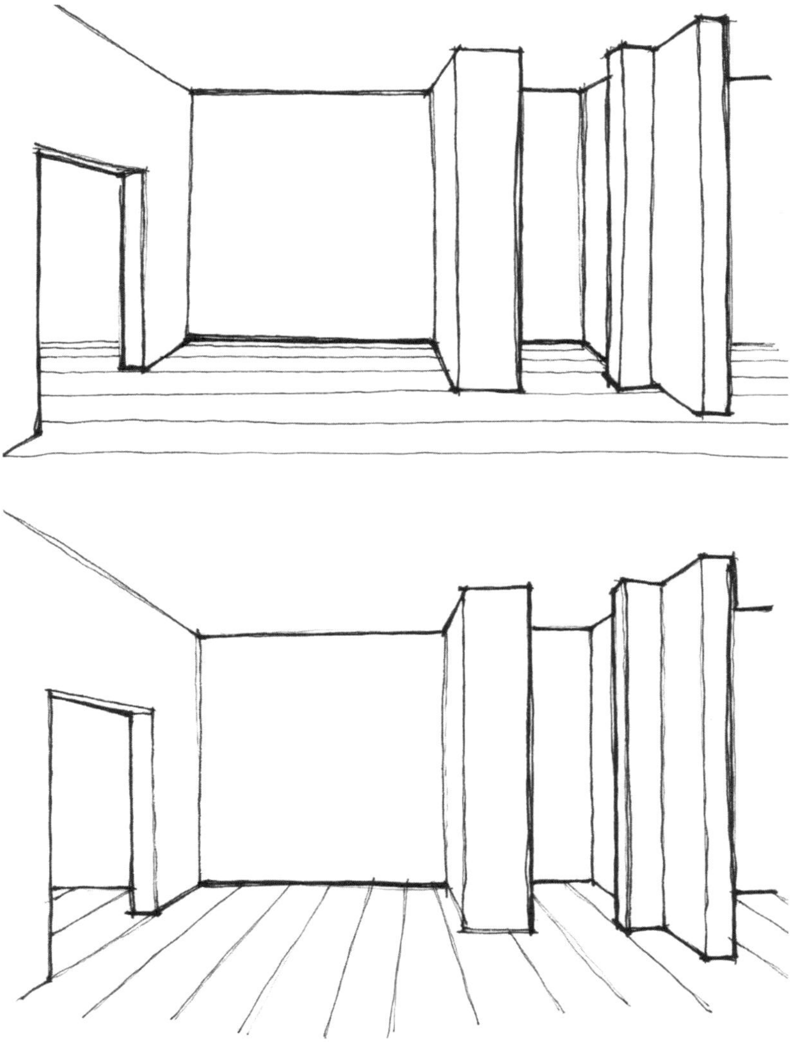

FIG. 62 – Conforme a direção das linhas no piso, podemos criar diferentes sensações.

O piso também pode ser utilizado como direcionador e divisor de espaços em grandes áreas.

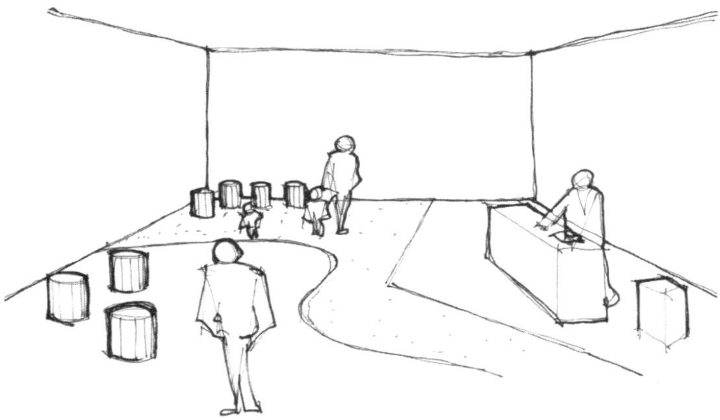

FIG. 63 – Piso utilizado como delimitador de espaços.

Quanto mais duro e polido o material escolhido, pior para a acústica do ambiente e para as costas das pessoas que ali trabalham em pé, embora possa ser muito mais refinado e imponente (mármore, por exemplo).

Como as instalações elétricas, de telefonia e de computadores devem ser bastante flexíveis, principalmente em escritórios, recomenda-se a utilização de pisos suspensos sempre que possível e aplicável. Embora seja uma solução cara, pode tornar-se barata quando se levam em conta a manutenção e a flexibilidade proporcionadas, ou seja, a relação custo–benefício. Possibilita a passagem de tubos e facilita o acesso para a manutenção. Esse tipo de piso pode, na maioria dos casos, receber todo tipo de revestimento, como porcelanato, carpete, vinil, granito, etc.

■ MATERIAIS E REVESTIMENTOS MAIS UTILIZADOS

No momento da escolha dos materiais para utilizar em um projeto, convém considerar também suas características sustentáveis e ecológicas, uma vez que já é possível encontrar quase todos os tipos de materiais em versões sustentáveis. Embora algumas alternativas sejam mais custosas, dependendo do tipo de comércio ao qual se destina o projeto, será recomendável optar por elas. Por exemplo: se a empresa deverá passar uma mensagem de "ecologicamente correta" ou de sustentabilidade, a seleção deverá ser feita entre esses produtos para garantir, assim, uma mensagem coerente.

A acessibilidade deve ser assegurada em todas as ocasiões, portanto, pisos táteis para orientar e direcionar deficientes visuais devem ser instalados em cor contrastante com o piso e em largura mínima de 25 cm (NBR 9050/04). Segundo o Guia de acessibilidade em projetos arquitetônicos da Prefeitura de Santos, os materiais utilizados são classificados em:

Piso "tátil de alerta"

- instalados antes e depois de escadas, rampas e elevadores;
- antes de portas que abrem para fora, portas de vidro ou separando ambientes;
- no entorno de equipamentos suspensos como bebedouros, telefones, balcões, etc.;
- na parte superior dos desníveis de plataformas e palcos.

Piso "tátil direcional" (linha guia)

- da calçada até o balcão/recepção;
- da entrada até escadas, elevadores ou rampas;
- nos diferentes andares, nas escadas, rampas e nos elevadores até uma parede ou local de informação;
- atravessando corredores ou áreas abertas de largura superiores a 3 metros.

Portanto, não se esqueça de verificar a legislação e as normativas em vigor na região onde for executar o projeto.

Tijolos

Material resistente e de forte característica estética. Podem ser assentados de diversas maneiras, formando diferentes padrões. A utilização de tijolos reciclados pode ser uma opção mais ecológica e sustentável, desde que, por exemplo, a distância no transporte não neutralize os benefícios da reciclagem!

FIG. 64 – Conforme o modo de assentamento, os tijolos criam diferentes padrões.

Carpete

Encontrado em placas, rolos ou sem emendas, é uma das melhores opções, em termos de acústica. A grande variedade de texturas, padrões, cores e materiais utilizados na sua fabricação permite uma gama enorme de opções para inúmeras funções e em diversos níveis de orçamentos. Para ambientes comerciais, uma das melhores alternativas é o tipo buclê. Opções sustentáveis podem ser encontradas.

Concreto

Sem nenhuma sombra de dúvida, esse piso deve ser executado por pessoal especializado, a fim de evitar trincas e acabamento malfeito. Deve conter juntas de dilatação e pode ser construído com ou sem contrapiso, dependendo do tipo de concreto utilizado. Pode receber resina de poliuretano, acrílica ou verniz. Trata-se de um piso uniforme, frio e duro, porém muito prático, podendo ser utilizado na maioria dos projetos comerciais. Sua baixa absorção do som deve ser corrigida associando-o a materiais mais macios, como tapetes e cortinas.

Observe que o concreto apresenta massa térmica, ou seja, tem a propriedade de absorver o calor dos raios solares e de eliminá-lo quando o ambiente atinge uma temperatura menor do que a dele. Portanto, observe onde instalá-lo. Caso haja incidência direta dos raios solares sobre ele, projete uma proteção para os dias de verão, já que poderá causar aumento do consumo de energia elétrica, em razão da consequente necessidade de utilização de ar-condicionado.

Mármore e granito

Sofisticados e de fácil manutenção, podem chegar a valores exorbitantes, dependendo da procedência do material. Quando polidos, podem ser muito escorregadios, não apresentando nenhuma característica acústica favorável ao controle dos ruídos internos. O acabamento apicoado, o jateamento e a flamagem tornam as superfícies antiderrapantes e um pouco menos reflexivas, porém de aparência opaca. O tratamento Anticato (Flamart) pode restabelecer o brilho perdido, caso seja necessário.

Granilite

Muito utilizado nos anos 1970, é bem resistente e frio. De manutenção relativamente simples, pode apresentar trincas caso não seja aplicado corretamente. Como o concreto, pode ser utilizado na maioria dos projetos comerciais, como lojas e restaurantes.

Cerâmica, porcelanato, pastilhas e mosaicos de vidro

Estão entre os materiais mais utilizados. Lembre-se de que quanto mais brilhante o piso, maior a reflexão da luz e do som, além de mais escorregadio. São infindáveis as opções encontradas no mercado, podendo ser assentadas a fim de criar linhas que ajudem a enfatizar o projeto ou mesmo a alterar a sensação espacial, caso necessário.

Madeira

Podemos encontrar uma variedade enorme de pisos de madeira – parquê, tábua larga, taco, carpete de madeira, etc. –, bem como diferentes acabamentos, como verniz, clareamento e pátina, entre outros. Material nobre e elegante, em tonalidades escuras ajuda a criar uma atmosfera de solidez e respeito, assim como a dar um caráter mais formal ao ambiente. Pode ajudar a criar também linhas no piso, melhorando as características espaciais dos ambientes – por exemplo, alargando um corredor estreito, se assentado perpendicularmente às paredes mais próximas.

Laminados

A variedade, a qualidade e os preços dos produtos existentes no mercado são inúmeros, cada um deles com uma utilização apropriada. Esse tipo de piso é de fácil instalação e manutenção, e a qualidade do produto escolhido ditará a perfeição na instalação, no acabamento final e na resistência a riscos, deformações, manchas e umidade. Também podem ser encontrados laminados – em placas ou réguas – colados diretamente no contrapiso.

Marmoleum®/linóleo

Feitos de resina, cortiça e óleo de linhaça, existem em várias cores e padrões e possuem diversos fornecedores. Permitem a criação de desenhos, a setorização na área do piso ou ainda um piso totalmente homogêneo, integrando o projeto como um todo. Devem ser aplicados em contrapiso perfeitamente regularizado, podendo ser utilizados na maioria dos ambientes comerciais. São muito comuns em consultórios e laboratórios clínicos.

Pisos vinílicos

Macios e resistentes, são encontrados em diferentes texturas, espessuras e padrões. Vendidos em placas ou mantas, são fáceis de aplicar e de manter. Podem riscar com a movimentação de móveis pesados, mas, se bem cuidados, duram até quinze anos. Não são indicados para áreas molhadas. Alguns produtos apresentam características acústicas e antiderrapantes especiais bem como resistência a tráfego pesado.

Pisos de borracha

Econômicos, fáceis de limpar (não acumulam poeira) e de instalar (com cola resistente ao contato da água), podem ser encontrados em diversas cores e padrões, em rolo ou placas. Em diferentes texturas antiderrapantes, espessuras e capacidades de absorção, costumam ser utilizados em academias, clínicas de fisioterapia, hospitais, escritórios, etc. Alguns modelos podem ser utilizados também em áreas molhadas, como banheiros, vestiários, etc.

O piso fabricado pela Brasibor, com refugo da indústria de chupetas, é ecologicamente correto. Sua versão mais espessa é ideal para amortecer quedas de crianças em espaços de espera ou de recreação infantil.

Aço

As chapas de aço são utilizadas em ambientes *high-tech*, com atmosfera contemporânea ou mesmo futurista. Podem também ser encontradas na versão "piso elevado" da Eucatex e da Pisoflex.

Paredes

São elementos construtivos que, dependendo de sua função, podem ser erguidos em diferentes alturas e com diversos tipos de materiais. Utilize formas variadas para criar ambientes interessantes e surpreendentes.

Lembre-se de que as paredes circulares podem ajudar a direcionar a circulação.

- Podem bloquear totalmente a visão, o som, a claridade e a ventilação, se nelas forem utilizados elementos maciços opacos e com altura total igual à do pé-direito.
- Podem bloquear parte da visão e parte da circulação de ar, se erguidas com elementos maciços opacos ou translúcidos vazados.

- Deixam passar a luz e permitem, parcialmente, a visão através delas, se erguidas com materiais translúcidos.
- Podem bloquear totalmente o som, mas com ampla visão e claridade, se feitas de vidro duplo.
- Paredes com altura de 1,60 m podem bloquear a visão e, ao mesmo tempo, permitir claridade e ventilação.

FIG. 65 – Dependendo da função da parede, diferentes alturas podem ser utilizadas.

MATERIAIS E REVESTIMENTOS MAIS UTILIZADOS

Leve em consideração as características térmicas, ou seja, se o material apresenta ou não massa térmica, pois isso poderá interferir no conforto térmico e no aumento do consumo energético.

Tenha em mente que projetos de baixo consumo energético serão os projetos do futuro!

Alvenaria

Construída em diferentes espessuras, dependendo do tipo de tijolo, a parede tem melhores ou piores características térmicas e acústicas. Pode ser explorada como elemento do projeto não somente pelo tipo e pela forma, mas também pela textura. A cor do rejunte ajuda a criar uma textura homogênea ou retalhada. Pode ainda receber diferentes texturas aplicadas sobre sua superfície.

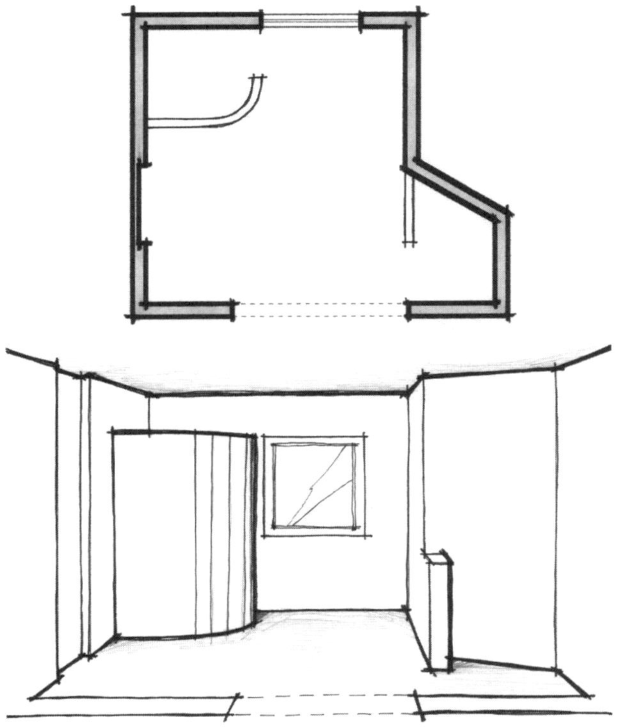

FIG. 66 – Diferentes alturas e formas podem estar presentes, dividindo um espaço com maior ou menor privacidade.

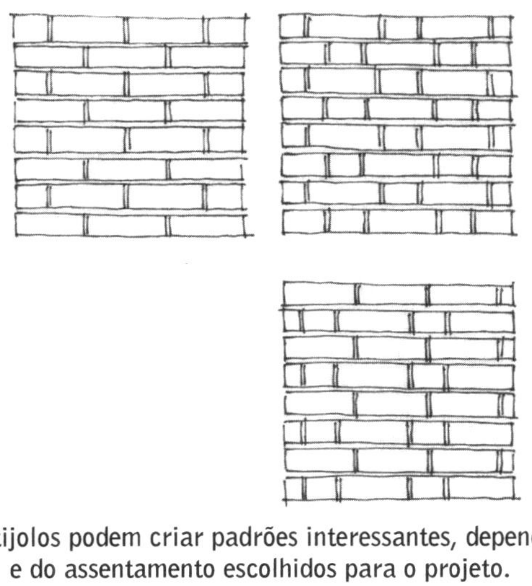

FIG. 67 – Os tijolos podem criar padrões interessantes, dependendo do tipo e do assentamento escolhidos para o projeto.

Concreto

Muito utilizado pelos modernistas, o concreto aparente pode ser um diferenciador no projeto. Evite, entretanto, pintar a parede de concreto da cor de concreto, para eliminar possíveis manchas ou marcas que podem aparecer na sua construção. Na maioria das vezes, são essas marcas que dão charme à superfície.

Gesso

De construção rápida, essas paredes podem ser feitas em blocos de gesso (opção mais demorada) ou em placas de gesso e estrutura metálica (opção mais simples, que permite também sua fácil remoção). Podem ter as propriedades acústicas e térmicas alteradas conforme o isolante interno utilizado.

Pedra

Na maioria das versões, ajuda a criar uma atmosfera rústica e aconchegante. Paredes de pedras filetadas (canjiquinha) são muito utilizadas em projetos contemporâneos.

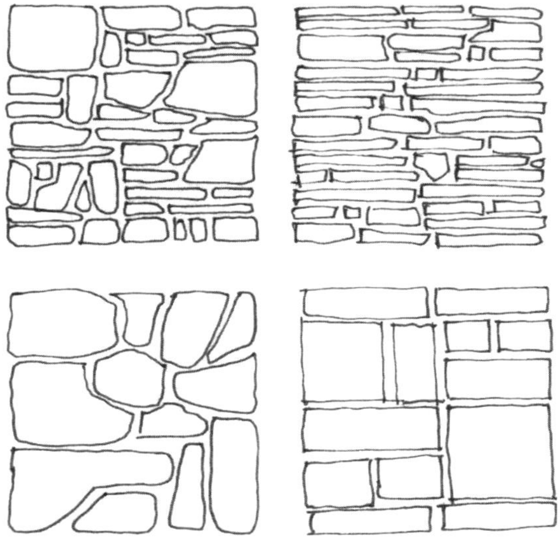

FIG. 68 – As pedras podem acrescentar uma textura bem agradável ao projeto.

Cêramica

São inúmeras as opções, com diferentes texturas, dimensões, cores, padrões, acabamentos e efeitos visuais. Quanto mais polida, maior a chance de se tornar escorregadia e de refletir mais os ruídos internos, porém é mais fácil de limpar. Escolha, sempre que possível, rejunte com base epóxi. Aplicada com rejunte de diferente cor ou tonalidade, cria um painel mais retalhado, com mais textura. Rejuntes da mesma cor transformam a superfície num conjunto mais homogêneo e de menor interferência no contexto do projeto. A opção por um ou outro deve estar de acordo com a diretriz do projeto.

Vidro

As paredes de vidro podem ser leves e erguidas a partir de diferentes produtos. Exploradas em inúmeras formas, proporcionam soluções inusitadas e bem criativas.

Blocos de vidro com diferentes cores, padrões, texturas e transparências podem criar paredes divisórias bastante interessantes e de forte presença visual.

Um revestimento de vidro aplicado na parede de alvenaria é uma opção inovadora para lojas, vestiários, restaurantes, lanchonetes, academias de ginástica, etc. O vidro é encontrado em diferentes tamanhos, cores, formatos e texturas. Uma parede totalmente revestida com esse material pode criar um efeito de profundidade bem interessante.

Paredes duplas ou triplas de vidro são a perfeita solução quando se quer permitir a visão sem a passagem do som.

Carpete

Flortex Climax é um carpete produzido pela Fademac que pode ser utilizado também nas paredes. Já a manta fabricada pela Muralflex assemelha-se a um carpete, mas deve ser utilizada somente nas paredes. Ambos são ideais para corrigir e melhorar as características acústicas de um ambiente.

Espuma

Pode ser encontrada em placas de diferentes espessuras e relevos. É utilizada em ambientes como estúdios de som, de rádio, em teatros ou onde a acústica do ambiente deva ser tratada cuidadosamente, neutralizando o som criado no ambiente.

Fórmica

É encontrada em réguas, chapas ou placas, em diversas cores. Por ser de textura suave e opaca, tende a reduzir a sensação espacial dentro do ambiente revestido. Muito utilizada nos anos 1980, ainda é uma opção adotada por várias empresas, já que sua manutenção é relativamente simples.

Divisórias

Sistemas fáceis de montar, são flexíveis e podem ser encontradas em diferentes dimensões, padrões, materiais e cores (por exemplo, em onze opções para o sistema Divilux da Eucatex).

Portas

Portas e janelas devem ser consideradas também como parte integrante de um projeto que vise utilizar pouca energia elétrica para manter os níveis recomendados de conforto em um ambiente. Observe, por exemplo, se haverá necessidade de instalar portas para facilitar a setorização do ar-condicionado ou, ainda, portas ou janelas em um mezanino para que o ar quente do andar de baixo não superaqueça o andar de cima ou para que o calor não suba pela escada.

Em regiões muito quentes ou muito frias, ou em locais com demasiado barulho externo, estude a viabilidade de portas e janelas com vidro duplo, opção muito utilizada na Europa e que está começando a ser empregada com mais frequência no Brasil.

São inúmeras as opções de portas que podem ser utilizadas num projeto: portas de entrada, internas, externas, de armários, de lavatórios, etc. Cada uma delas deverá ser examinada cautelosamente para que se consiga a melhor funcionalidade dentro dos ambientes.

Dos modelos tradicionais até as mais excêntricas criações, a porta de entrada de um estabelecimento comercial pode ser também considerada um referencial. Inúmeros estabelecimentos a integram muito bem à concepção geral do projeto, extraindo o máximo possível de seu significado. Entretanto, dependendo de onde o estabelecimento esteja localizado, o fator segurança acaba por ditar as regras, e é cada vez mais comum vermos entradas com o aspecto de "fortalezas" do que com um convidativo clima de "bem-vindo".

Considerações gerais segundo a NBR 9050:

- *Largura mínima das portas*: pelo menos uma folha de 80 cm de largura em qualquer modelo escolhido. Em academias ou outro local destinado a prática de esportes, o vão mínimo deve ser de 1 m.
- *Maçanetas*: do tipo alavanca, instaladas de 90 cm a 110 cm do solo.
- Em sanitários e vestiários em instalações de saúde, os puxadores devem ser horizontais, com pelo menos metade da largura da porta.
- O acionamento por sensores deve estar regulado para a altura de crianças, pessoas de baixa estatura e usuários de cadeiras de rodas.

QUANTO AO MODO DE ABRIR

Porta de abrir tradicional

Pode ter uma ou duas folhas e deve ser preferencialmente instalada de modo que proteja a visão interna dos ambientes. Girando nas dobradiças, pode abrir a 90º ou 180º.

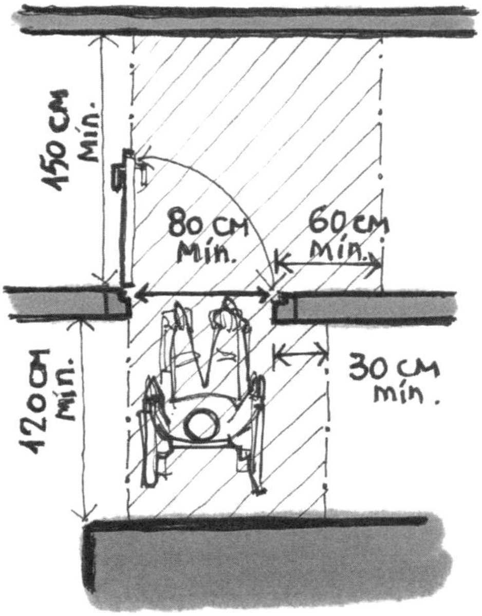

FIG. 69 – As portas com aproximação frontal devem respeitar as distâncias e os espaçamentos necessários para as manobras de cadeiras de rodas.

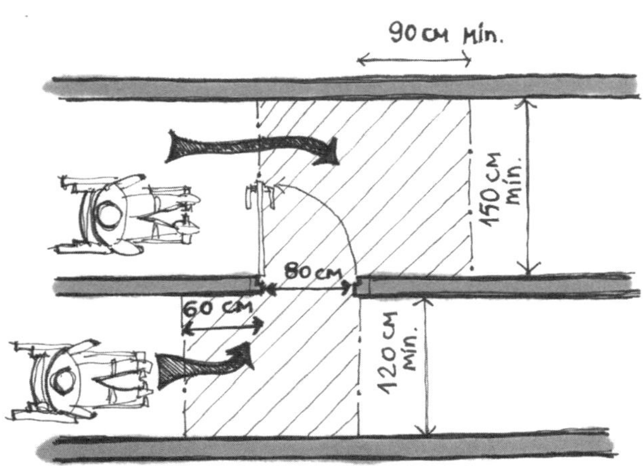

FIG. 70 – As portas com aproximação lateral também exigem dimensões específicas para uma perfeita movimentação.

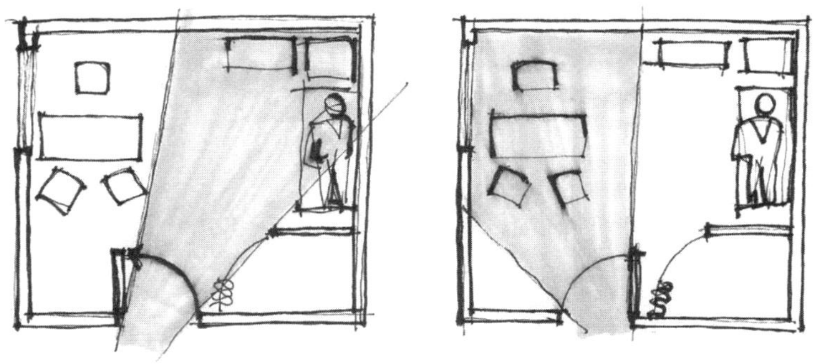

FIG. 71 – Ao definir a localização das portas, deve-se considerar a privacidade requerida pelo ambiente.

Portas internas do tipo baia podem ser convenientes para separar seções ao mesmo tempo que as intercomunicam.

FIG. 72 – As portas do tipo baia podem ser úteis em repartições.

Vaivém

Muito utilizada em restaurantes ou similares, onde é necessário abrir a porta com o corpo independentemente do sentido da circulação, para dentro ou para fora. Pode representar perigo em ambientes em que a presença de crianças é constante.

FIG. 73 – Exemplo de porta vaivém.

De correr

É uma das opções mais versáteis, já que pode "desaparecer" dentro de paredes ou divisórias, possibilitando total integração entre os ambientes. Pode correr paralelamente à parede ou ainda dentro dela.

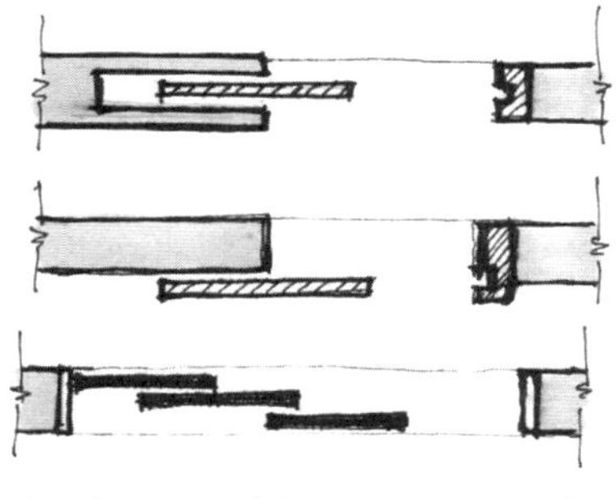

FIG. 74 – Exemplos de portas de correr: interna ou externa às paredes e de sobreposição.

É recomendado também trilho superior para esse tipo de porta. As guias e frestas inferiores não devem ter mais do que 15 mm e precisam estar niveladas com o piso (NBR 9050).

Sanfonada

Pode ou não correr em trilhos. Ideal para ambientes pequenos ou onde é necessário abrir um vão maior com menor interferência das folhas das portas. É utilizada na circulação ou em mobiliário.

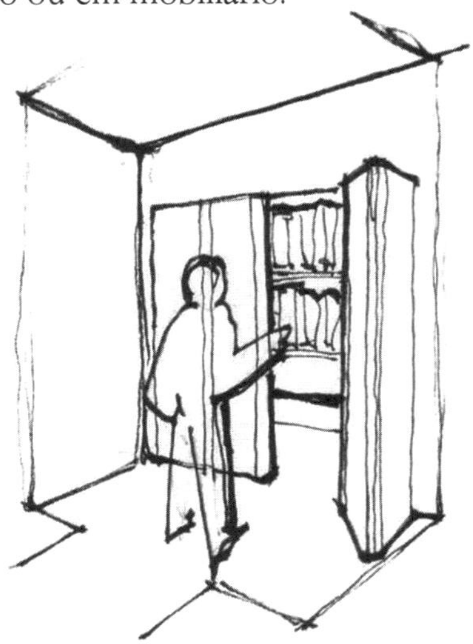

FIG. 75 – Portas sanfonadas utilizadas em armário.

Pivotante

Muito utilizada como porta de entrada em projetos contemporâneos. Dependendo do material, pode ser bem sofisticada. Gira em torno de um eixo deslocado.

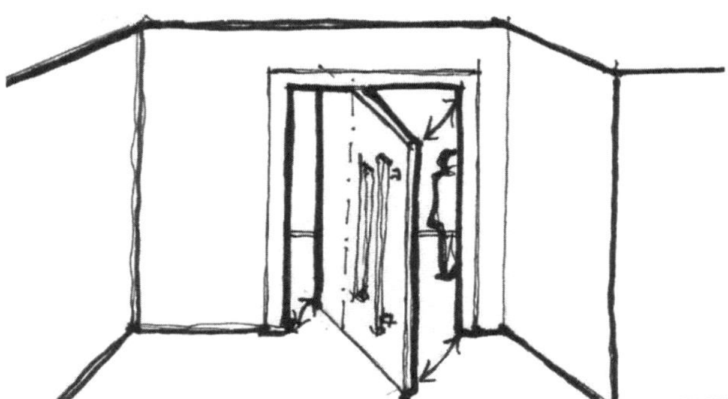

FIG. 76 – Exemplo de porta pivotante.

Giratória

Amplamente utilizada em hotéis e bancos, gira em torno de um eixo central. Pode ajudar no caráter do estabelecimento comercial.

■ MATERIAIS MAIS UTILIZADOS

A cor, o material e a textura são fundamentais na importância visual que as portas têm no projeto. Elas podem desaparecer no fundo da composição se pintadas (porta e batente) na mesma cor das paredes. Acabamentos diferenciados ou distinção de cores permitem que sejam utilizadas como elementos sinalizadores. Dentro de uma empresa, armários com portas pintadas de azul, por exemplo, podem conter, em todas as seções, material de manutenção. Portas alaranjadas podem indicar consultórios, enquanto as azuis indicam sanitários, e assim por diante.

Madeira

As portas de madeira maciça são mais densas e, portanto, têm melhores propriedades acústicas. As de MDF são menos densas e mais leves do que as maciças.

Sua manutenção acaba sendo mais ou menos trabalhosa dependendo do acabamento recebido. Lisas, com relevo ou venezianas, podem receber pintura ou laqueação, verniz ou seladora, ou laminados do tipo fórmica, cortiça, etc.

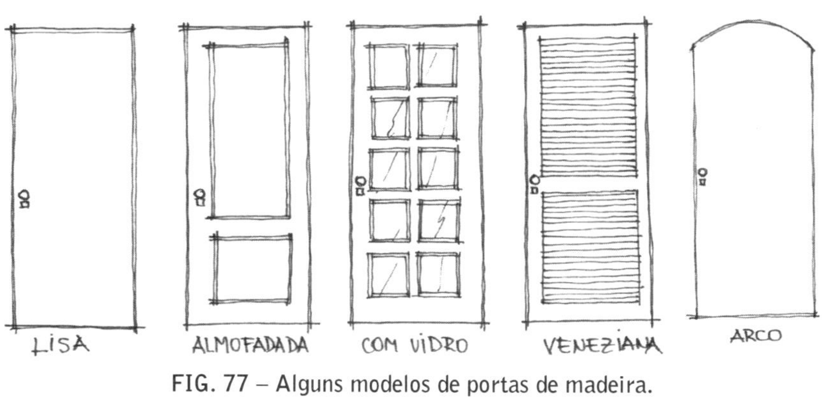

FIG. 77 – Alguns modelos de portas de madeira.

Ferro

Com perfis relativamente estreitos, podemos criar portas maiores e mais esguias do que as de madeira, porém com peso mais elevado. Dependendo do local onde forem instaladas, passam a requerer manutenção constante, embora sejam uma das opções mais seguras.

Podem ser totalmente de ferro chapado, trabalhado, de ferro e vidro, etc.

Alumínio

De estrutura mais leve do que as de ferro, as portas de alumínio são ideais para localidades próximas do mar, pois garantem manutenção mais fácil e bastante segurança. Podem ser encontradas em modelos muito sofisticados, com vidros duplos, sendo excelentes para o controle térmico e acústico.

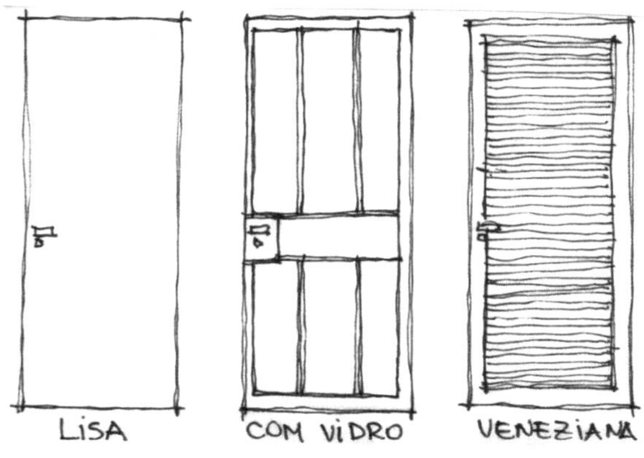

FIG. 78 – Alguns exemplos de portas de ferro ou de alumínio.

Vidro temperado

Permite a total integração do exterior com o interior. Em alguns casos, deve receber película ou diferentes tipos de vidro para conter a passagem de calor e os reflexos do sol, ou, ainda, para permitir privacidade.

Dá leveza ao ambiente e permite separar, sem bloquear, a visão, embora pouco contribua para isolar o som.

■ ESCOLHA E LOCALIZAÇÃO

Para escolher o tipo de porta e o material ideal, vale a pena considerar:

- a função exigida (bloqueio visual, privacidade, segurança, etc.);
- o número de pessoas que irão circular por ela (acionamento manual ou sensorizado);
- a manutenção (da superfície e mecânica);
- o impacto visual causado no projeto.

Para localizar corretamente as portas nos ambientes, verifique as atividades que ali devem ser realizadas, os equipamentos necessários, a incidência de luz natural, a circulação interna necessária e a distribuição do mobiliário.

Muitas vezes, apenas alguns centímetros podem fazer muita diferença.

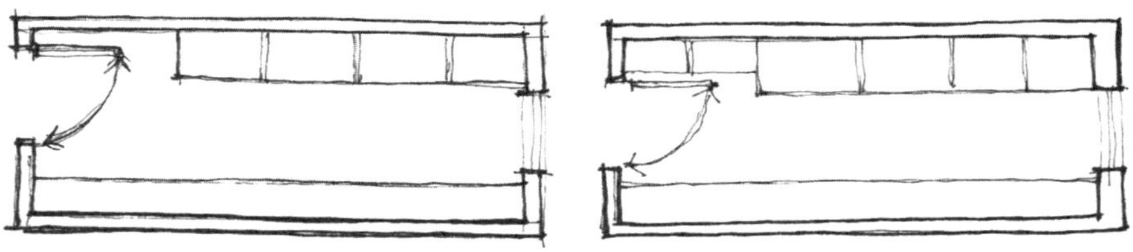

FIG. 79 – O correto posicionamento das portas pode representar melhor aproveitamento do espaço.

Janelas

São importantes na iluminação natural, na ampliação da sensação espacial – já que podem trazer o exterior para o interior –, na ventilação e na circulação de ar nos ambientes, ou ainda na criação de centros de interesse que influenciem beneficamente nosso cérebro.

Posicionar corretamente uma janela pode ser sinônimo de projeto bem-sucedido.

As dimensões mínimas necessárias são ditadas por leis e normas técnicas – como a ABNT, o Código de Obras, etc. –, porém as dimensões mais benéficas para o ambiente como um todo são ditadas pelas características do projeto.

São inúmeros os modelos e tipos de janelas que podemos utilizar, e cada um deles acrescenta características diferenciadas ao projeto, como área de ventilação, de insolação, ou mesmo características estéticas.

A maioria dos ambientes comerciais utiliza ar-condicionado, usando as janelas somente como fonte de iluminação e apelo visual. Quanto mais fechado um ambiente, maior a tendência a estimular a sensação de claustrofobia.

Áreas com muitos vidros podem representar uma grande incidência de raios UV, o que deve ser evitado com a aplicação de película nas janelas. Dependendo do tipo de vidro que escolhemos, temos situações bem diferenciadas: vidros transparentes permitem visão total; vidros opacos permitem que a luz passe, porém sem visão e com privacidade; vidros translúcidos permitem que a luz passe com apenas um pouco de visão e relativa privacidade. Também são inúmeros os tipos de vidros e películas que podemos usar, e a escolha deve ser feita segundo a diretriz do projeto.

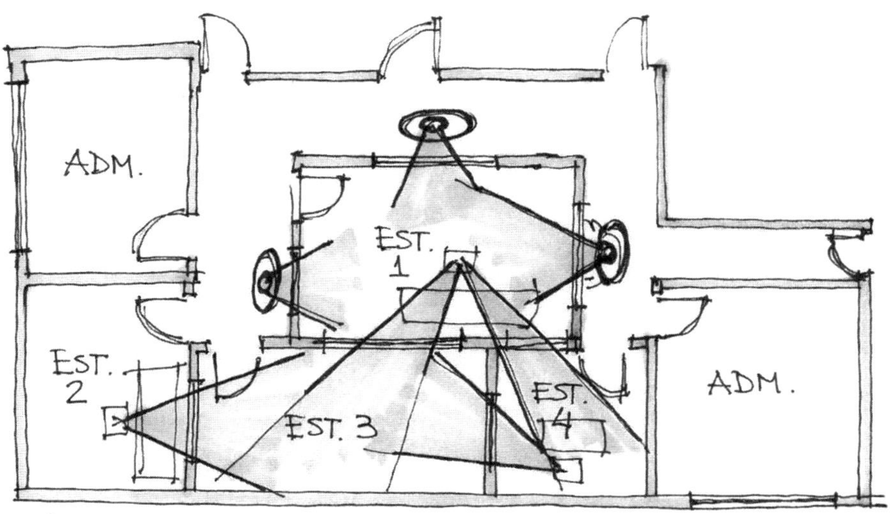

FIG. 80 – As janelas internas, nesse projeto de uma estação de rádio, possibilitam a visão entre os locutores e os operadores de som, e ainda que os visitantes vejam como a rádio opera, mas sem nenhum acesso aos estúdios.

Nos ambientes comerciais, as janelas podem ser de acesso externo ou interno, permitindo a comunicação e a interligação de seções sem comprometer a circulação. Algumas existem também para permitir uma visão mais global da empresa, possibilitando aos visitantes "ver como ela funciona", sem ter contato direto com os funcionários. Esse tipo de janela fixa de vidro interna é muito utilizado em empresas que buscam um controle maior da eficiência de seus funcionários, permitindo que "sejam vistos" mais do que desejariam.

A altura do peitoril das janelas deve estar diretamente relacionada com a função a ser realizada no ambiente, bem como com o grau de privacidade desejado.

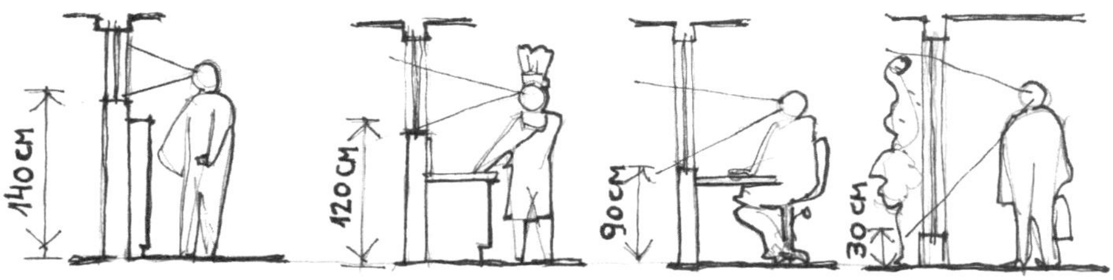

FIG. 81 – Alturas sugeridas para janelas conforme sua utilização.

■ MODELOS MAIS COMUNS

Fixa

Na realidade, podemos dizer que esse tipo é mais um pano de vidro do que propriamente uma janela. Diferentes efeitos são conseguidos de acordo com o vidro utilizado.

De abrir

Pode abrir para fora ou para dentro do ambiente. Possibilita até 100% de área de ventilação e iluminação. Suas folhas podem ser de madeira lisa, com vidro ou ainda de lâminas de madeira (veneziana).

Guilhotina

Muito utilizada no período colonial, é bastante útil, já que possibilita ventilação cruzada e também várias opções de abertura. É um atrativo na concepção do espaço, pois pode ser encontrada com diferentes detalhes. A área de ventilação é de até 50%, e a de iluminação, de até 100%.

De correr

Um dos modelos mais utilizados. Permite ventilação de no máximo dois terços da área (três folhas que se sobrepõem) e até 100% de iluminação.

Maxi-ar

Modelo bastante usado, embora não permita muita circulação de ar frontal.

Vitrô basculante

Ainda que no Brasil esse tipo de janela seja mais restrito às áreas de serviço mais do que às áreas comuns, na Austrália ele é muito utilizado para integrar áreas internas e permitir a passagem do ar em ambientes de pouca ventilação. As folhas do vitrô podem ser de vidro, alumínio ou madeira. É muito sofisticado e pode dar um charme especial ao projeto.

Os vitrôs permitem que se dirija a ventilação na direção que melhor convier.

Pivotante

É mais conhecida em vidro. Pode ser um pouco "fria" visualmente e com aspecto acentuado de "comércio". Gira em torno de um eixo central ou deslocado.

■ MATERIAIS MAIS UTILIZADOS

Quase todos os modelos podem ser encontrados nos seguintes materiais:

- madeira;
- alumínio;
- ferro;
- vidro.

Os acabamentos podem ser dos seguintes materiais:

- verniz, verniz náutico ou seladora;
- pintura ou laqueação;
- anodizado (alumínio);
- diversos tipos de películas protetoras e decorativas para as opções de vidro.

Teto e forro

O forro pode desempenhar papel importante num projeto, não somente quanto à estética, mas principalmente quanto às características acústicas do ambiente.

O forro de placas de gesso é uma opção que facilita sua exploração esteticamente, além de esconder a fiação, o ar-condicionado e os encanamentos. Permite a distribuição mais homogênea da iluminação ao facilitar a alteração dos locais de pontos de luz.

A escolha de modelos modulares facilita a manutenção de conexões e fiações, embora possa comprometer a estética. Essa opção também é mais recomendada para ambientes que necessitam de melhor tratamento acústico, pois a maioria deles foi especialmente desenvolvida para essa função.

O forro pode funcionar ainda como um grande refletor, sendo utilizado para aumentar a quantidade de luz num ambiente, se o facho de luz for direcionado para ele. Nesse caso, opte por branco para conseguir um efeito bem mais eficaz.

Lajes de concreto aparente também podem ser atraentes num projeto comercial. Entretanto, nesse caso é mais difícil esconder as tubulações, tornando-se mais adequado explorar visualmente as instalações elétricas e de ar-condicionado. Merecem tratamento acústico complementar, já que o concreto é denso e pouco absorve o som produzido no ambiente. São menos flexíveis quanto à iluminação, exigindo o uso de canaletas ou luminárias com trilho ou tubulares.

Ao pintar o teto, opte por tinta fosca, pois esse tipo mostra menos as imperfeições existentes.

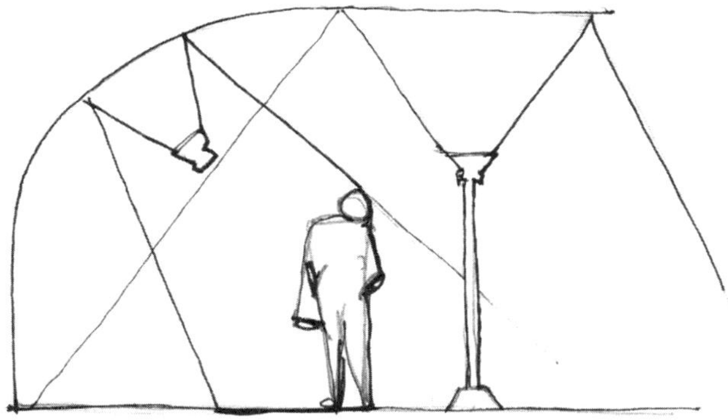

FIG. 82 – Forros curvos ou planos podem ser utilizados como grandes refletores. Nesse caso, devem ser pintados preferencialmente de branco.

O teto pode ser rebaixado visualmente:

- quando pintado em tonalidade mais escura do que as paredes;
- direcionando-se todos os fachos das luminárias para baixo;
- quando se pinta um *border* nas paredes na mesma tonalidade do teto;
- com tubulações ou elementos acoplados a ele, em diferentes cores e texturas.

Pode ser elevado visualmente:

- quando pintado em tonalidade bem mais clara do que as paredes;
- com fachos de luz a ele direcionados;
- com a mesma tonalidade e textura das vigas, luminárias ou de qualquer outro elemento a ele acoplado, fazendo com que pareça uma superfície homogênea.

Pilares e vigas

Esses elementos construtivos podem representar ferramentas compositivas muito importantes no projeto. Dependendo das características do espaço e da atmosfera desejadas para o ambiente, as possibilidades tornam-se inúmeras.

Algumas vezes, entretanto, é melhor escondê-los, dadas suas dimensões, proporções ou o local onde se encontram.

Sabemos que, para fazer alguns elementos "desaparecerem", ou para camuflá-los, é possível seguir diferentes condutas, como:

- Ao pintá-los da mesma cor do teto (caso das vigas) ou das paredes (pilares), tendemos a neutralizá-los, colocando-os "no fundo" da composição.

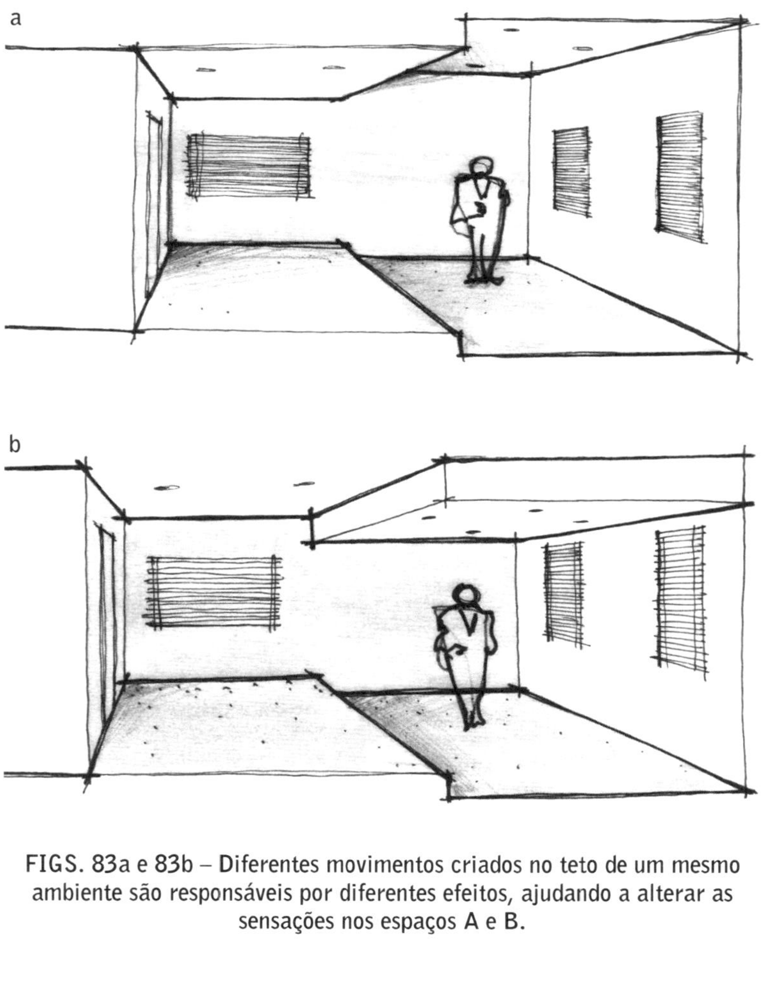

FIGS. 83a e 83b – Diferentes movimentos criados no teto de um mesmo ambiente são responsáveis por diferentes efeitos, ajudando a alterar as sensações nos espaços A e B.

- Ao recobri-los com um material diferente ou substituí-los por diferentes materiais e propostas (pilares de ferro ou de aço, ou vigas de madeira antiga, por exemplo), podemos explorá-los como pontos de interesse e também como elementos definidores do partido adotado no projeto.

FOTO 1 – A estrutura metálica e as luminárias foram exploradas nesse projeto comercial (Mandurah – Austrália ocidental).

- Podem ser explorados para corrigir outros defeitos mais importantes, como as proporções de um ambiente.

FIG. 84 – Pilares e vigas podem ser integrados ao projeto e incorporados como elementos compositivos.

FIG. 85 – Rebaixamento de teto por meio da instalação de vigas falsas.

Rampas e escadas
(referência ABNT NBR 9050 e NBR 9077)

As rampas devem ter patamares para descanso com, no mínimo, 1,20 m de comprimento.

As rampas e escadas devem ser dotadas de corrimão lateral contínuo, sem arestas vivas, de ambos os lados. Os corrimões devem ter de 3 cm a 4,5 cm de largura e ser, no mínimo, distantes 4 cm da parede.

O guarda-corpo para as escadas e rampas deve ter uma altura de 1,05 m do piso.

Lembre-se:

- É vetada a utilização de degraus com espelhos vazados quando a escada é utilizada na circulação de acesso aos ambientes.
- A largura dos degraus deve ser coerente com o fluxo de pessoas e ter no mínimo 1,20 m (sendo mais recomendada a largura de 1,50 m).
- Os espelhos (e) devem ter entre 16 cm e 18 cm de altura.
- Os pisos (p) devem ter entre 28 cm e 32 cm de largura.

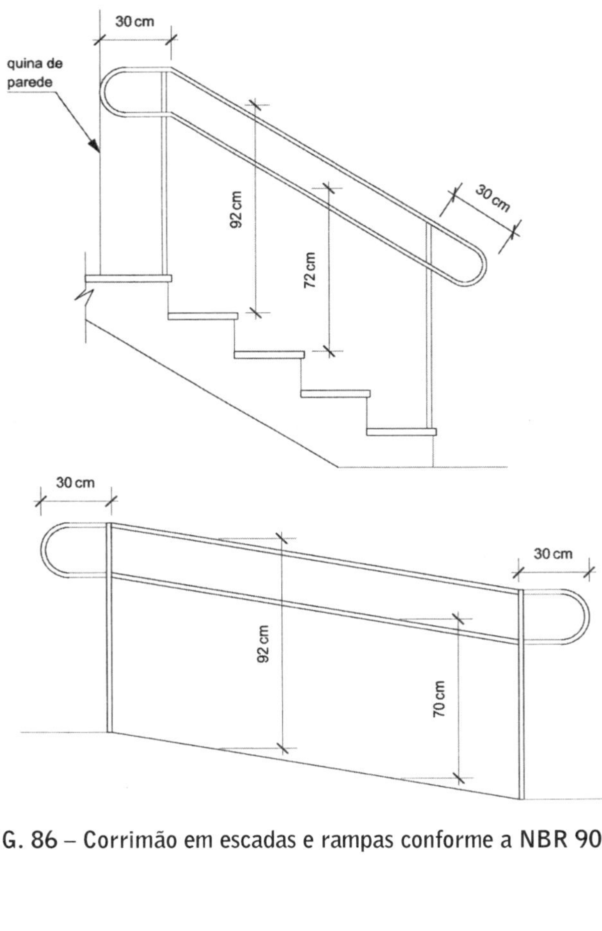

FIG. 86 – Corrimão em escadas e rampas conforme a NBR 9050.

- Observe a fórmula 63 cm $< p + 2e <$ 65 cm.
- Quando se trata de um degrau isolado, ele deve ter entre 15 cm e 18 cm de altura.
- Sempre que a escada mudar de direção, deve ser construído um patamar da mesma largura que a escada. Entretanto, um patamar mínimo de 1,20 m de largura deve ser utilizado toda vez que o desnível atingir 3,20 m.

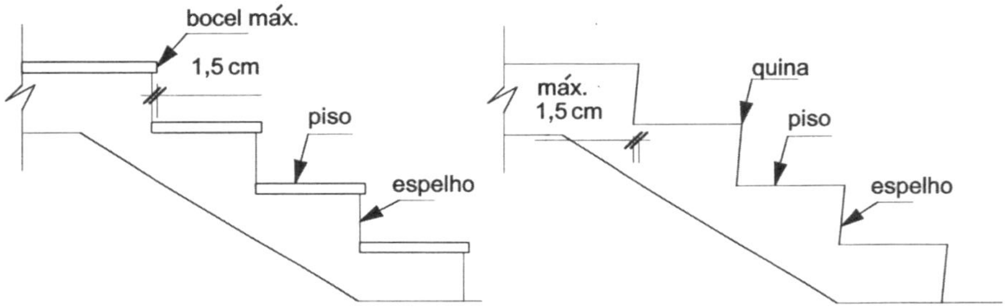

FIG. 87 – Escada com bocel ou com espelho inclinado segundo a NBR 9050.

4

Espaço

Efeitos psicológicos e necessidades biológicas

Cada consumidor ou trabalhador sente o espaço de forma diferente. O que para algumas pessoas é alegre pode ser considerado caótico para outras. Quando projetamos um espaço residencial, esse problema pode ser abrandado, pois sabemos exatamente quem serão os usuários dos ambientes. Já num projeto comercial, podemos projetar um escritório para um diretor específico ou uma loja em que diferentes pessoas vão circular a cada dia.

A imagem da empresa pode sobrepor-se às necessidades individuais. Essa imagem deve ser refletida no projeto de forma que atinja determinado objetivo e determinado público-alvo.

O espaço de trabalho deve ser eficiente, agradável e promover o bem-estar de seus ocupantes. Boa iluminação, conforto, ventilação, cores agradáveis e que atuem positivamente na mente das pessoas que ali trabalham ou circulam são indispensáveis. Texturas agradáveis e interessantes, elementos arquitetônicos que explorem os sentidos e as sensações são ferramentas de projeto que devem ser exploradas ao máximo.

Conforto ambiental

Levando-se em consideração a quantidade de horas que as pessoas passam trabalhando, torna-se ainda mais evidente que o ambiente de trabalho seja dotado do conforto necessário para que elas se sintam bem-dispostas, bem-humoradas e estimuladas a trabalhar. Devemos pensar também no conforto dos consumidores ou visitantes das empresas, já que deles pode depender o fechamento de um negócio. Quantas vezes deixamos de comprar um produto porque nos sentimos desconfortáveis devido à baixa temperatura no local? Quantas vezes o barulho dentro de um restaurante faz que mudemos de ideia e de local para jantar? Esses exemplos, entre tantos outros, mostram a importância do conforto nos ambientes.

■ TEMPERATURA

Embora a temperatura muitas vezes seja manipulada para beneficiar um negócio – por exemplo, uma loja que recebe artigos de inverno e pretende vendê-los em pleno verão deixa seu ar-condicionado extremamente frio a fim de induzir os consumidores a comprar –, é ideal que, dentro dos ambientes de trabalho, ela seja adequadamente confortável. Muito calor deixa as pessoas menos dispostas a trabalhar e mais suscetíveis ao cansaço, fazendo que a instalação de ar-condicionado seja quase obrigatória em ambientes comerciais.

As janelas, na maioria dos estabelecimentos comerciais, podem representar barulho insuportável, fumaça, poeira, ou mais calor ainda. Nas regiões frias do país, ar-condicionado quente e frio possibilita a adequação da temperatura também no inverno.

Dependendo do tipo de comércio e da mercadoria comercializada, as exigências de controle da temperatura são maiores ou menores.

A instalação de equipamento central de ar-condicionado deve ser discutida ainda no início do desenvolvimento do projeto, já que é necessário rebaixar o teto para a passagem de tubulação. É bem silencioso e praticamente pode "desaparecer" no projeto. Entretanto, dependendo do caráter e do estilo escolhido, explorar a tubulação pode ser um dos pontos altos do projeto. Essa solução é bem comum em ambientes mais tecnológicos ou *hi-tech*.

Sistemas mais simples, porém eficientes, com motor instalado externamente à edificação, devem ser preferencialmente programados durante o desenvolvimento do projeto, já que uma tubulação de drenagem precisa ser instalada. Menos silenciosos do que os centrais, eles são ideais para empresas que pretendem colocar ar-condicionado em apenas alguns ambientes com menor custo, ou ainda quando há fatores limitantes para a instalação de um equipamento central.

Os aparelhos convencionais, de tecnologia mais antiga, custam menos, mas são mais barulhentos e de instalação restrita às paredes que faceiam a parte externa da edificação.

A tecnologia também está fortemente presente nesse setor, sendo mais uma vez aconselhável uma larga pesquisa visando a conhecer e avaliar os diferentes sistemas e opções de equipamentos para controle térmico.

As películas de proteção aplicadas aos vidros das janelas são eficazes na diminuição do calor interno, principalmente, por exemplo, em escritórios ou consultórios que recebem forte sol da tarde. Essas películas, como a Scotchtint™, da 3M, podem reduzir até 79% do calor que entra num ambiente, controlar em até 99% os raios UV que descolorem mercadorias e ainda possibilitar a redução do gasto com energia elétrica consumida pelos aparelhos de ar-condicionado.

■ QUALIDADE DO AR

O ideal é que possamos contar sempre com uma ventilação cruzada, natural, que melhore a circulação de ar nos ambientes. O ar precisa ser reciclado para eliminar odores, fumaça ou poeira. A qualidade do ar é altamente necessária para garantir o funcionamento correto do nosso metabolismo. A má qualidade do ar pode ainda interferir psicologicamente nas pessoas, prejudicando a eficácia do trabalho realizado no ambiente em questão.

O ventilador de teto é uma opção forçada de ventilação, que, dependendo da forma ou do estilo, pode ajudar a compor a atmosfera do negócio. Ambientes sem janelas sempre precisam de alguma forma de ventilação forçada, por meio de exaustores, dutos ou qualquer outro sistema.

Verificar o Código de Edificações local é altamente recomendável, já que ele esclarece qualquer dúvida com relação às áreas mínimas de ventilação necessárias. A maioria dos edifícios de escritório e hotéis, por exemplo, mantém as janelas "seladas" para controlar a eficiência do ar-condicionado ou aquecedor, prejudicando a qualidade do ar interno.

Aparelhos de ar-condicionado ou de aquecimento de alta tecnologia garantem ar fresco ou filtrado, desde que sua manutenção seja feita corretamente, diminuindo as chances de contaminação interna com o aumento de bactérias, fungos ou qualquer outro microrganismo prejudicial à saúde.

Quanto maiores as preocupações com nosso ecossistema, mais necessária uma política de incentivo a sistemas que permitam ventilação natural.

Um sistema interessante e inovador é o TermoDeck®, que utiliza os vazios existentes nas placas de concreto de uma laje Hollow Core como dutos de circulação de ar, modificando ainda a temperatura interna dos ambientes.

Vale a pena relembrar que são inúmeras, diferentes e criativas as novas soluções tecnológicas que têm como objetivo garantir ao local de trabalho um ambiente confortável e seguro.

■ CONTROLE SANITÁRIO

A poluição dos rios e mananciais é cada vez mais preocupante. Portanto, dependendo do projeto a ser executado, certifique-se de que foram checadas todas as normas e leis nos órgãos competentes.

■ LUZ

A importância da luz e da boa iluminação foi amplamente discutida no capítulo 2. Entretanto, vale a pena relembrar que ela é fundamental para o bem-estar físico e mental das pessoas. Quanto maior a quantidade de luz, quanto mais claro um ambiente, maior é a disposição e a vontade de trabalhar. Uma luz amarelada é mais aconchegante e pode ser utilizada com o intuito de criar determinada atmosfera. É indicada também em iluminação de destaque ou tarefa.

FOTO 2 – A iluminação natural acoplada à estrutura desse centro comercial ajuda a criar uma atmosfera informal e tecnológica (Austrália ocidental).

■ SOM

O controle acústico é, sem dúvida, um dos grandes problemas num projeto. Associar materiais de boas características acústicas a uma manutenção simples pode ser uma tarefa difícil.

Basicamente são duas as preocupações com o som em um projeto. A primeira é controlar a propagação de ruídos gerados nos próprios locais de trabalho ou por fontes geradoras externas. A segunda é garantir boa acústica dentro de um ambiente destinado a determinada atividade, como salas de reunião, estúdios de som, teatros, etc.

Controlar o ruído interno gerado pela execução das atividades diárias de uma empresa é um tanto complicado, mas, basicamente, o problema pode ser contornado com a escolha correta de materiais para as diferentes superfícies do projeto. Materiais mais macios e porosos serão mais indicados para ambientes barulhentos do que os duros e polidos.

As maiores áreas dos ambientes são, na maioria dos projetos, o teto e o piso. Portanto, torna-se importante tratar essas duas superfícies com cuidado, escolhendo as melhores opções de materiais existentes no mercado.

O carpete é um material de grandes propriedades acústicas, sendo aceitável na maioria das empresas. Quando o estilo ou caráter do ambiente exige outro tipo de material, mais prático ou sofisticado, a colocação de tapetes espessos ajuda a reduzir os ruídos, porém com maior possibilidade de gerar acidentes (escorregões).

Uma solução também muito empregada é a utilização de forros acústicos. Embora essa solução, na maioria dos produtos disponíveis, seja esteticamente pouco satisfatória, vêm sendo desenvolvidas outras opções em busca de um resultado visual melhor. Alguns sistemas são compostos de chapas especiais de gesso, com fibra de vidro na parte interna e feltro na parte superior. Podem apresentar diferentes aberturas geométricas, especialmente dimensionadas para melhorar o desempenho acústico do material.

Dependendo do tipo de empresa, são bem diferentes as necessidades acústicas a serem consideradas. Uma loja personalizada de aparelhos de som ou *home theaters*, por exemplo, deve levar muito a sério a acústica interna; já numa loja de departamentos ela terá menos importância.

Para garantir o sucesso do projeto, ao levantar as tarefas e atividades dos ambientes, pense na atmosfera desejada e nas considerações acústicas importantes. Analise o ambiente vazio, liste os problemas existentes e os que possam vir a acontecer e, após pesquisar algumas soluções possíveis, avalie a relação custo–benefício.

Os ruídos podem ser gerados em outros ambientes ou mesmo fora da edificação. Nesse caso, a tarefa é mais complexa, já que a utilização de materiais porosos e macios pouco contribuirá para a solução do problema. Muitas vezes é necessária uma intervenção maior, como alterações no planejamento interno, criação de novos setores para concentrar os elementos geradores de ruídos ou, ainda, a construção de novos elementos bloqueadores de som. Reavaliar o projeto de distribuição e a concepção geral dos espaços e pensar na possível utilização de novos elementos construtivos e de materiais com maior massa molecular (mais densos) pode conduzir a uma solução mais adequada.

Um barulho vindo da rua, não bloqueado com o fechamento das janelas, pode ser eliminado se em lugar de vidros simples forem utilizados vidros duplos ou até triplos.

Para garantir uma boa acústica dentro de um ambiente, devemos abordar outro tipo de questão: como fazer para que a qualidade do som seja boa e bem distribuída pelo ambiente? Nesse caso, vamos lidar com propriedades acústicas de materiais e angulações de transmissão de ondas sonoras de modo mais técnico e objetivo. É aconselhável que um profissional da área – um engenheiro acústico, por exemplo – oriente a parte técnica para aumentar a eficiência do projeto.

Prevenção de acidentes e segurança

O projeto comercial pode ter que seguir diferentes regras, dependendo do complexo de atividades onde será implantado. Por exemplo, shopping centers, diversos centros comerciais, galerias e edifícios comerciais, entre outros, muitas vezes apresentam restrições, regras e normas específicas quanto à construção, aos materiais, à iluminação, comunicação, etc. Essas normas se somam às leis das prefeituras ou às normas de qualquer outro órgão responsável pela supervisão e aprovação de projetos na cidade onde eles serão executados. Levante todos os órgãos aos quais o projeto deve se submeter para sua aprovação e para a obtenção do alvará de funcionamento. Siga corretamente todas as orientações de cada um deles.

Prevenir acidentes escolhendo materiais adequados é, sem dúvida alguma, um dos pontos importantes de qualquer projeto. O designer deve optar por materiais que garantam a segurança dos usuários do estabelecimento. Quando se trata de uma área dentro de um shopping center ou centro comercial, a responsabilidade do projeto fica restrita aos materiais dentro dos estabelecimentos. Já em estabelecimentos com acesso a vias externas, devemos considerar os materiais da área externa, evitando superfícies escorregadias em dias de chuva, degraus ou portas de vidro sem sinalização ou qualquer outro tipo de problema que venha a ser causado pela variação climática.

A setorização no projeto deixa claras as diferentes atividades a serem executadas em cada área do estabelecimento e, consequentemente, os diferentes cuidados que devem ser tomados para que elas se desenvolvam sem maiores problemas.

■ FOGO

Os materiais inflamáveis podem ser um perigo em determinadas empresas. É imprescindível uma perfeita adequação material/atividade na empresa.

Todo projeto comercial deve seguir com rigor as normas do Corpo de Bombeiros. No estado de São Paulo, é necessário anexar ao projeto de regularização ou aprovação de um estabelecimento comercial um auto de vistoria do Corpo de Bombeiros. Várias instruções técnicas estão passando por revisão no Corpo de Bombeiros, portanto mantenha-se informado no *site* da Secretaria da Habitação e Desenvolvimento Urbano (www.sehab.com.br).

Dependendo da natureza do negócio, do número de pessoas que vai trabalhar e circular na empresa, da área do projeto e da localização, são estabelecidos os locais e as quantidades de hidrantes, extintores e saídas de emergência.

Consulte os órgãos responsáveis e levante todas as exigências legais. Jamais economize na fiação elétrica e procure instalar todos os equipamentos necessários para evitar que o fogo se alastre.

Podemos encontrar no mercado os materiais (por exemplo, os sistemas desmontáveis Knauf de resistência ao fogo) apropriados para proteger dutos de ar-condicionado e ventilação, fiação, pilares, vigas, etc. em hotéis, lojas, armazéns, restaurantes ou qualquer outro projeto comercial.

■ ÁGUA

É sempre responsável por escorregões e quedas. Analise onde deverão ser instalados materiais antiderrapantes e quais as opções existentes no mercado. As entradas podem ser perigosas em dias chuvosos. Projete coberturas em entradas de acesso e coloque capachos para evitar maiores problemas. As captações de água pluvial devem ser corretamente dimensionadas e posicionadas para evitar a invasão e o acúmulo indesejável de água dentro da empresa.

A maioria dos estabelecimentos comerciais está de alguma forma em contato com água. Estude em que nível se dará esse contato e verifique as providências a serem tomadas para evitar acidentes.

AR

Como já foi dito, a boa qualidade do ar é fundamental. Estude a colocação de exaustores com capacidade de sucção compatível com a atividade a ser desenvolvida no ambiente.

Cuidado com as instalações de gás: certifique-se de que não haja vazamentos, siga corretamente todas as especificações e instruções normativas, e garanta fácil acesso ao bloqueio do gás caso ocorra algum inconveniente.

QUEDAS

Sinalize corretamente os desníveis, fazendo uso desse recurso somente quando for necessário.

As escadas e os corredores devem estar de acordo com as normas e ser bem projetados e iluminados. Utilize corrimãos sempre que possível.

Os banheiros devem conter barras de segurança. Estude a necessidade de instalação de campainhas de emergência em diferentes ambientes.

Prefira carpete a tapete solto. Escolha o mobiliário que mais se adapte à utilização dos espaços, como cadeiras com braços e sofás de espuma mais densa em consultórios médicos.

Projeto ecologicamente correto

Cada vez mais, o hábito de projetar de forma política e ecologicamente correta vem sendo difundido num mundo que se vê à mercê de preconceitos e devastações.

Os projetos comerciais, como já foi afirmado, devem ser um retrato da política da empresa, devendo, portanto, representar sua filosofia.

Não é mais aceitável que empresas causem danos à natureza devastando matas, poluindo rios ou ainda maltratando animais. Muitos consumidores pregam a não utilização dos produtos produzidos por elas. Portanto, a causa ecológica é também um fator que pode prejudicar ou facilitar as vendas.

A utilização de madeiras de reflorestamento, de equipamentos que consumam menos energia, ou que procurem controlar o desperdício de água, ou ainda de qualquer outro produto criado com uma preocupação ecológica, deve ser considerada no projeto.

Sistemas de coleta seletiva de lixo também devem ser implantados, pois permitem a reciclagem e o controle ambiental.

Uma grande ideia desenvolvida por uma empresa brasileira, por exemplo, foi a instalação de coletores para as embalagens não utilizadas pelos clientes. Imediatamente após a compra, os produtos podem ser desembalados e as embalagens descartadas. É uma proposta que facilita a vida de alguns clientes que não precisarão "livrar-se" de mais uma embalagem, fortalece a imagem da empresa quanto a sua responsabilidade com a ecologia e sustentabilidade e ainda intensifica uma posição empresarial inovadora.

5

Ergonomia e mobiliário

Ergonomia

Para podermos considerar um projeto de arquitetura de interiores bem-sucedido, devemos ter certeza de que as dimensões, as alturas e os espaços determinados para a realização de cada uma das atividades a serem realizadas no ambiente foram corretamente dimensionados.

Com o objetivo de melhorar a relação entre o homem e o meio ambiente, a ergonomia combina e estuda as características físicas do corpo humano, sua fisiologia e os fatores psicológicos que nele atuam. Portanto, a ergonomia é uma ciência.

■ CORPO HUMANO

Nossa altura, largura, nosso alcance, a altura de nossos olhos, nosso campo de visão, enfim, nossa relação com o meio em que vivemos pode ser traduzida por algumas medidas referenciais básicas.

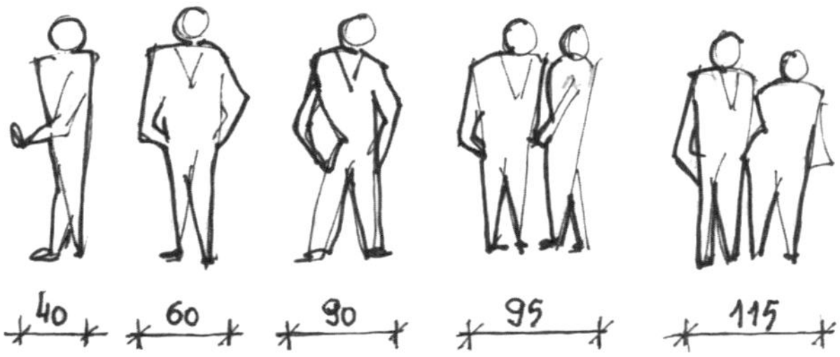

FIG. 88 – Dimensões (em centímetros) mínimas recomendadas para que o corpo humano se movimente sem obstruções.

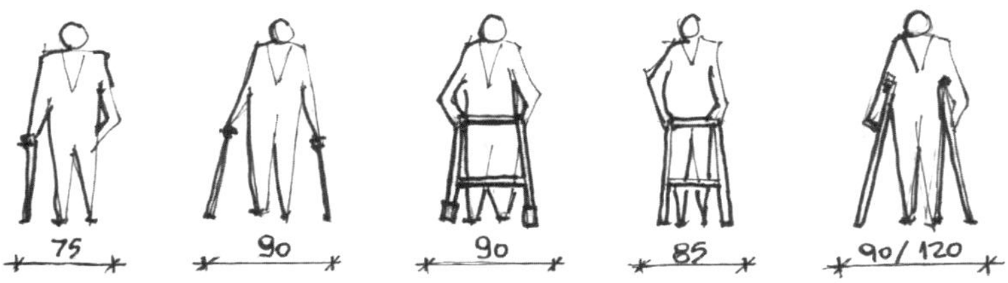

FIG. 89 – Dimensões (em centímetros) mínimas recomendadas para que pessoas com bengalas, andadores com rodas, andadores rígidos ou muletas possam se movimentar livremente.

Podemos também considerar um ângulo de visão-padrão associado ao movimento inconsciente dos nossos olhos.

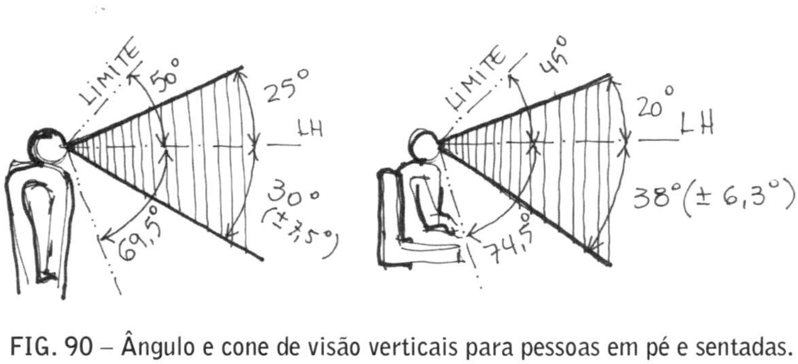

FIG. 90 – Ângulo e cone de visão verticais para pessoas em pé e sentadas. (LH representa a linha do horizonte, ou seja, uma linha imaginária relacionada à altura dos nossos olhos.)

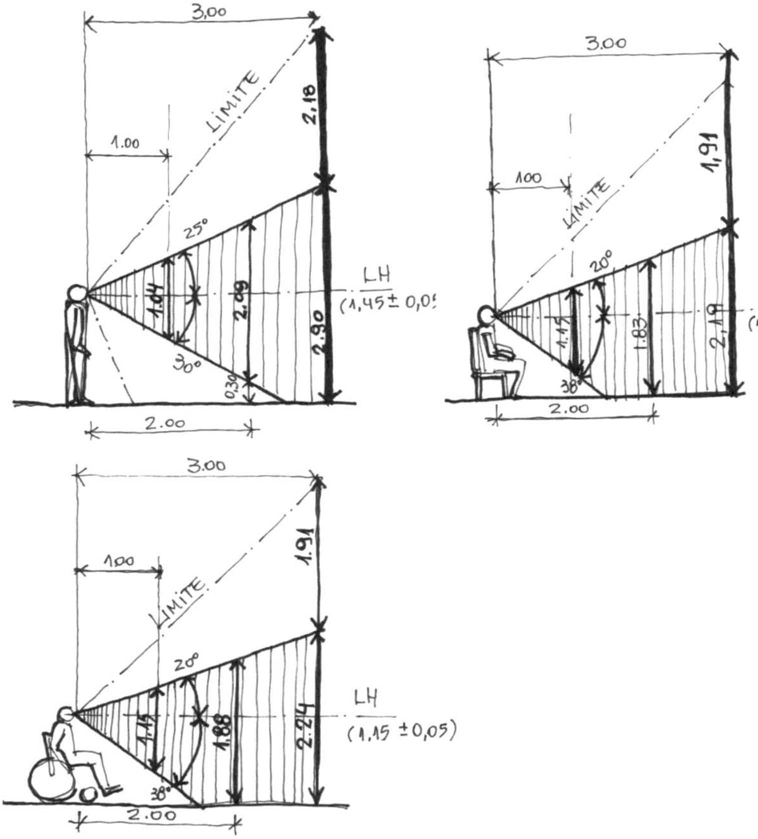

FIG. 91 – Alcance visual vertical para uma distância de até 3 m segundo o cone de visão.

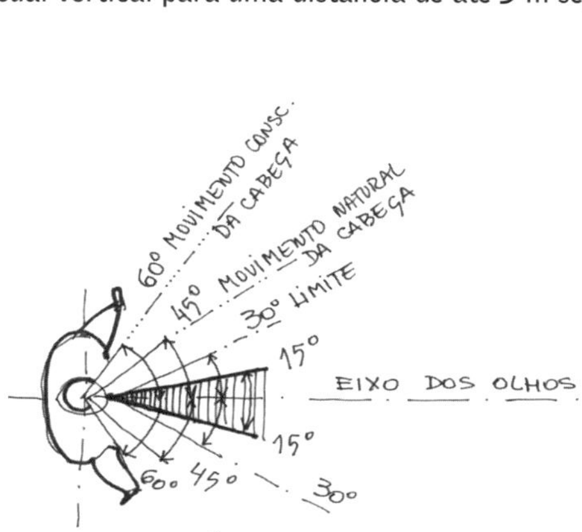

FIG. 92 – Ângulo visual horizontal.

■ DIMENSÕES ADEQUADAS A MOVIMENTOS ESPECÍFICOS

As diferentes atividades e tarefas do dia a dia exigem um espaço mínimo recomendado para que possam ser executadas sem maiores problemas. Abaixar-se, sentar, alcançar um arquivo, ou seja, movimentar-se, requer uma distância, uma área, um espaço para os movimentos envolvidos na ação específica.

Respeite:

- Aproximadamente 30 cm entre a altura do assento e a da bancada. Portanto, para mesas de 75 cm de altura, o assento deve ter 45 cm; para bancadas de 90 cm de altura, o banco deve ter 60 cm; e para bancadas mais altas, de 100 cm a 110 cm, opte por bancos de aproximadamente 70 cm.
- Bancadas com pia devem estar aproximadamente 5 cm abaixo do cotovelo (braço dobrado a 90°).
- A altura ideal para bancadas de trabalho e preparação de alimentos com a utilização de utensílios de pequeno e médio porte é de 17 cm a 25 cm abaixo do cotovelo dobrado a 90°.

FIG. 93 – Alturas (em centímetros) recomendadas para diferentes bancadas e prateleiras sem necessidade do auxílio de escadas.

FIG. 94 – Distâncias (em centímetros) recomendadas para facilitar movimentos.

Computador

Como são inúmeros os modelos, as dimensões e os tipos de equipamentos, e como a cada dia inovações tecnológicas são postas no mercado, fica difícil determinar uma medida padrão.

A posição dos equipamentos e a postura do operador devem respeitar algumas regras, para evitar desconforto e o consequente aparecimento de doenças como a lesão por esforços repetitivos (LER). Desconforto e cansaço na vista têm menor probabilidade de ocorrer quando as pessoas se sentam corretamente, o que faz que produzam mais e sejam mais eficientes.

- A cadeira deve ser regulável e permitir que a pessoa se sente com conforto e com as costas completamente retas (quadris formando 90º com as pernas) e apoiadas no encosto.
- A região lombar deve estar apoiada num suporte especial e curvo.
- Os pés devem estar apoiados no chão ou em apoio apropriado.
- A altura dos olhos, ou seja, a linha do horizonte, deve estar alinhada com a parte superior da tela do computador ou ligeiramente abaixo dela.
- É recomendada a distância de 60 cm entre a tela e os olhos.
- O pescoço deve estar reto e pender ligeiramente para a frente.
- Deixe espaço considerável sob o tampo para que as pernas possam mover-se livremente.
- Garanta que o cotovelo esteja apoiado no braço da cadeira ou no tampo da mesa, relaxando a musculatura do braço.

Mobiliário

A escolha e a distribuição do mobiliário são etapas-chave num bom resultado de projeto.

A escolha deve ser coerente com a proposta preferida, desde o tipo de distribuição (assimétrica para composições menos formais e mais ativas, por exemplo) até o modelo de cada peça. A coerência é fundamental para uma leitura harmônica e para que o projeto represente eficazmente o conceito empresarial intrínseco a ele.

■ UM POUCO DE HISTÓRIA

> **O período que vai de 1885, quando se afirma o *art nouveau*, com construções belgas de Victor Horta e Henri van de Velde; do escocês Charles Rennie Mackintosh; do francês Hector Guimard e dos artistas plásticos Henri de Toulouse--Lautrec e B. Gasset com seus cartazes; ou Peter Behrens; dos arquitetos Gaudí, Hoffman e R. d'Aroco, até 1925, com os já designers Ludwig Mies van der Rohe e Le Corbusier, corresponde a um momento da civilização ocidental no qual, audaciosamente, propuseram-se novas maneiras de pensar e de agir socialmente.**
>
> Júlio Roberto Katinsky – texto para a exposição "Forma: 40 anos de protagonismo".

Algumas peças de mobiliário conhecidas em todo o mundo apresentam valores subjetivos.

Em 1919, foi criada, na Alemanha, a escola Bauhaus, a partir da fusão de duas instituições: a Academia de Belas-Artes e a Kunstgewerbeschule (Escola de Artes e Ofícios). Com o intuito de remover os vestígios do passado, procurava abolir qualquer forma de ornamento, pregando um design mais austero e limpo. Podemos dizer que o extremo desse movimento aconteceu nos anos 1970, com o minimalismo e o *hi-tech*.

Em 1925 é exibida em Paris, na Exposição Internacional de Artes Decorativas e Industriais Modernas, uma nova concepção espacial, rígida, criada pelo arquiteto Le Corbusier, que procurava agarrar-se a um novo conceito de morar, ligado à nova tecnologia disponível, à era da máquina.

O estilo austero de Le Corbusier era perfeito para uma situação pós-Depressão (1929) e representava bem o desejo de negar o totalitarismo alemão, o espanhol e o italiano, expresso por meio de uma arquitetura grandiosa e ostentadora.

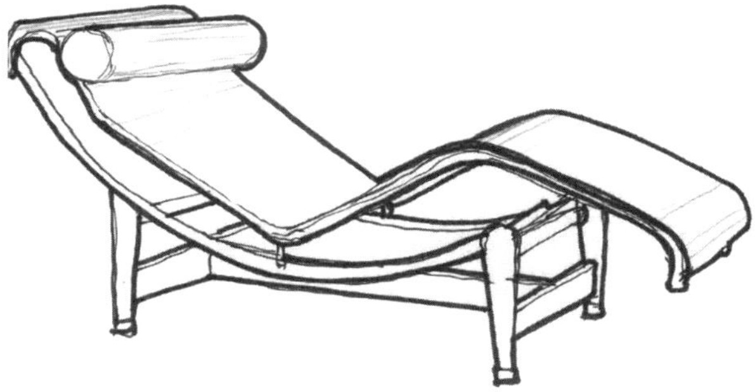

FIG. 95 – Chaise-longue de Le Corbusier, projetada em 1929.

Na época da Bauhaus, foram produzidas peças de mobiliário que se tornaram mundialmente famosas e são utilizadas até hoje em ambientes residenciais e comerciais.

FIG. 96 – Mies van der Rohe, 1929: cadeira Barcelona.

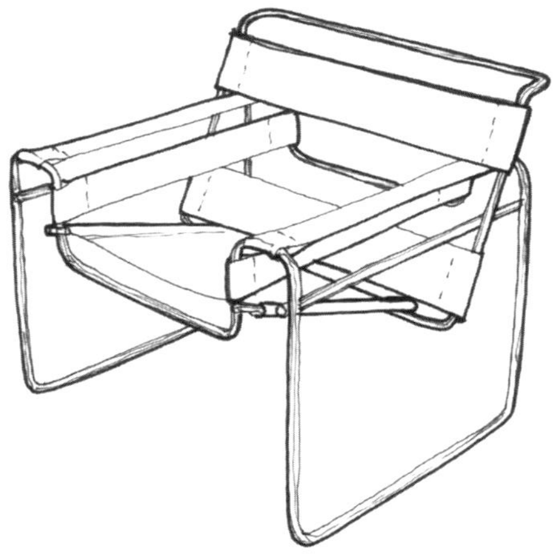

FIG. 97 – Marcel Breuer, 1925: poltrona Vassily.

Com a chegada ao poder dos nazistas, seis anos antes do advento da Segunda Guerra Mundial, a Bauhaus foi fechada, em 1933. A maioria dos arquitetos e designers alemães, como Walter Gropius (fundador da escola), Marcel Breuer e Mies van der Rohe, foram então para os Estados Unidos, onde desenvolveram suas ideias completa e livremente. Estava plantada a semente do design puro.

Portanto, podemos dizer que o estilo moderno, dos anos 1930, 1940 e 1950, foi influenciado por fatores econômicos, tecnológicos e políticos.

O bom design do século XX apresenta, entretanto, um paradoxo. Visava à criação de peças de mobiliário de excelente design que fossem acessíveis, facilitando o processo de reconstrução do pós-guerra. Utilizava métodos industriais não para uma produção em série, mas sim para atingir a perfeição estética com acabamentos excelentes, o que levou o móvel a se tornar uma peça cara e de luxo.

Infelizmente, até hoje sofremos o mesmo problema. As peças com bom design têm, na maioria dos casos, preço mais elevado, por causa do acabamento, da tecnologia ou do processo produtivo. Avaliar um bom design de mobiliário é saber julgar, principalmente, suas características funcionais e tecnológicas, seu material e acabamento e sua durabilidade, além de suas características estéticas, entre tantos fatores envolvidos nesse processo.

Ao escolher o mobiliário para um projeto, leve em conta suas características ergonômicas, sua composição estrutural, seu impacto visual e psicológico e sua relação custo-benefício.

É importante que as pessoas possam sentar e levantar sem dificuldades, que alcancem utensílios e materiais sem problemas, que possam se movimentar com facilidade e estejam confortáveis e, consequentemente, mais dispostas a trabalhar.

DIMENSÕES DO MOBILIÁRIO

As dimensões dos móveis variam muito segundo o modelo, o estilo ou o fabricante. Entretanto, vale a pena ter em mente algumas medidas consideradas mínimas para algumas peças de mobiliário, bem como algumas sugestões de distâncias mínimas entre os móveis.

Essas medidas ajudam a verificar se o projeto realmente comporta o número de peças nele mostrado. São comuns projetos com viabilidade de mobiliário fictícia, com dimensões incorretas e incoerentes, que iludem os proprietários quanto às dimensões reais dos ambientes.

É importante ressaltar que as medidas dos móveis aqui citadas são genéricas. Lembre-se de que as características físicas das pessoas variam, entre outros fatores, segundo a faixa etária e a origem étnica.

Cadeiras, poltronas e sofás

Podem variar consideravelmente, dependendo das características (braços, encosto e assento). Devem ser escolhidos não somente segundo o tempo pelo qual as pessoas permanecerão sentadas, mas também quanto à facilidade de levantar e sentar.

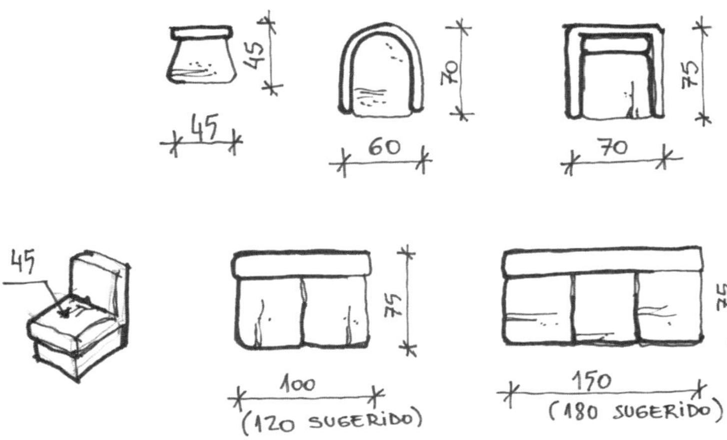

FIG. 98 – Dimensões mínimas sugeridas (em centímetros).

FIG. 99 – Garanta ao menos 60 cm de circulação mínima entre sofás ou poltronas e mesas de centro.

Mesas e balcões: sugestão de dimensões

Profundidades:

- aparador para travessa de alimentos – 40 cm;
- aparador de preparo de alimentos – 60 cm;
- balcão de bar – 30 cm;
- mesa de trabalho ou refeição – 60 cm.

Alturas:

- aparador para travessa de alimentos – 80 cm;
- planos de trabalho – 85 cm;
- balcão de bar – 105 cm;
- mesa de centro – 40 cm;
- mesa lateral – 45 cm;
- mesa de trabalho – 75 cm.

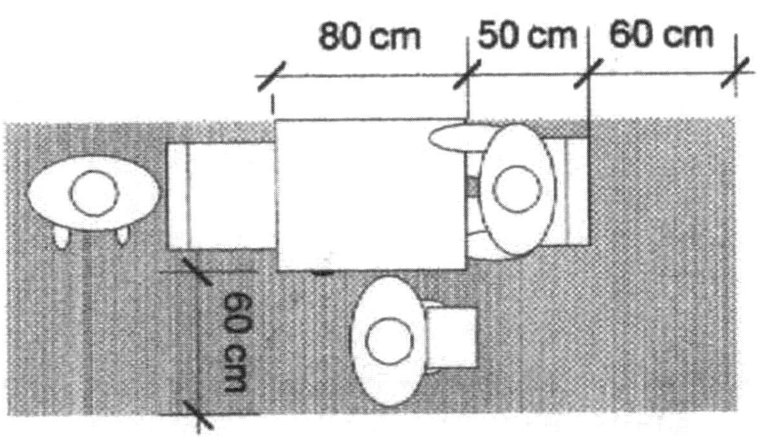

FIG. 100 – Considere sempre 60 cm de tampo para cada pessoa sentada (o mesmo para áreas residenciais).[3]

[3] Ver Miriam Gurgel, *Projetando espaços: guia de arquitetura de interiores para áreas residenciais* (São Paulo: Editora Senac São Paulo, 2013).

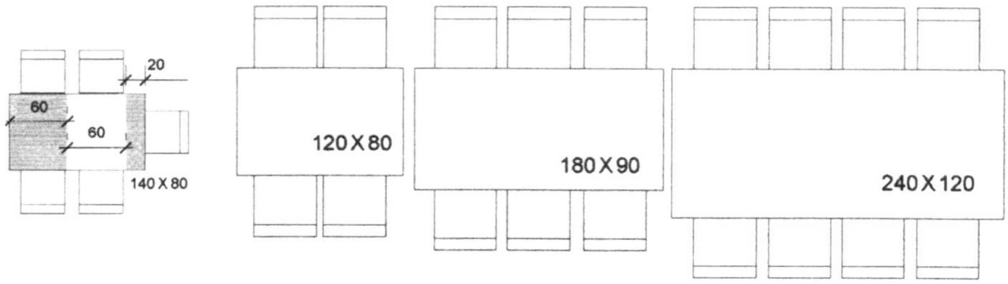

FIG. 101 – Medidas (em centímetros) para mesas retangulares segundo o número de pessoas. Nas pontas, basta acrescentar 20 cm para cada pessoa extra (o mesmo para áreas residenciais).

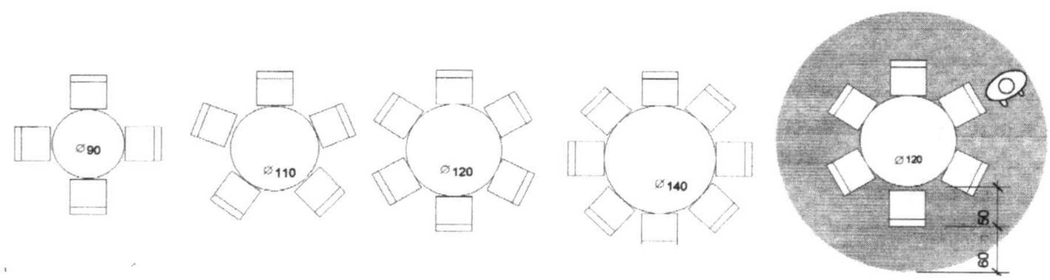

FIG. 102 – Distância (em centímetros) recomendada entre mesas de cursos ou escolas (o mesmo para áreas residenciais).

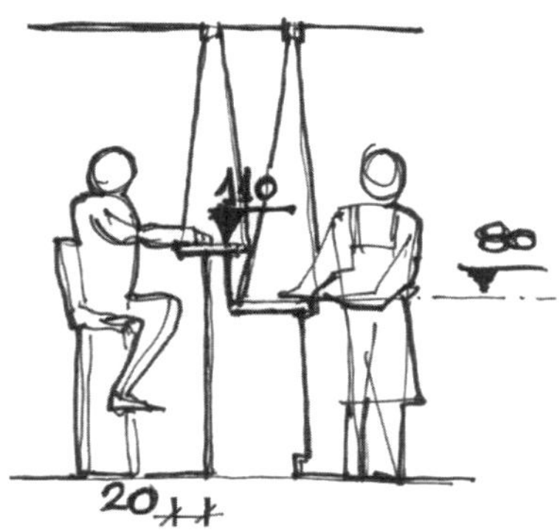

FIG. 103 – Medidas (em centímetros) sugeridas para balcões de refeição e para trabalho com equipamentos de tamanho médio.

■ DISTRIBUIÇÃO DO MOBILIÁRIO

A distribuição dos móveis deve seguir as mesmas regras de composição aplicadas ao design do espaço utilizado.

Procure organizar o espaço interno de modo harmônico e equilibrado.

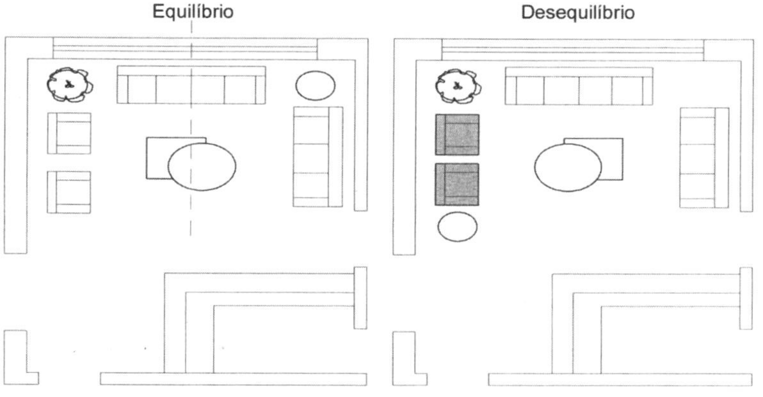

FIG. 104 – Exemplo de um espaço equilibrado e de um sem equilíbrio, onde a força visual está totalmente do lado esquerdo do ambiente. Outros elementos, como quadros e acessórios, serão necessários para equilibrar a distribuição.

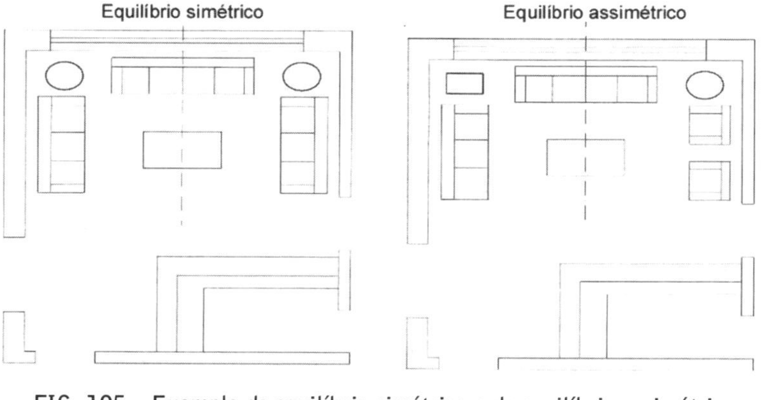

FIG. 105 – Exemplo de equilíbrio simétrico e de equilíbrio assimétrico com eixo centralizado.

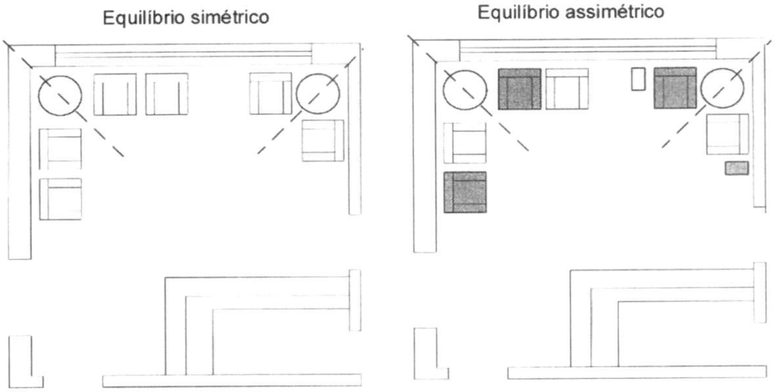

FIG. 106 – Exemplo de equilíbrio simétrico e de equilíbrio assimétrico com dois eixos de simetria num mesmo ambiente, criando dois centros de interesse.

■ PROJETO DE PEÇAS DE MOBILIÁRIO

Na maioria das vezes, é preciso que o designer projete também algumas ou todas as peças necessárias para um projeto específico.

Siga as recomendações ergonômicas para garantir facilidade de utilização e conforto. A pesquisa de materiais é fundamental para um projeto bem-sucedido.

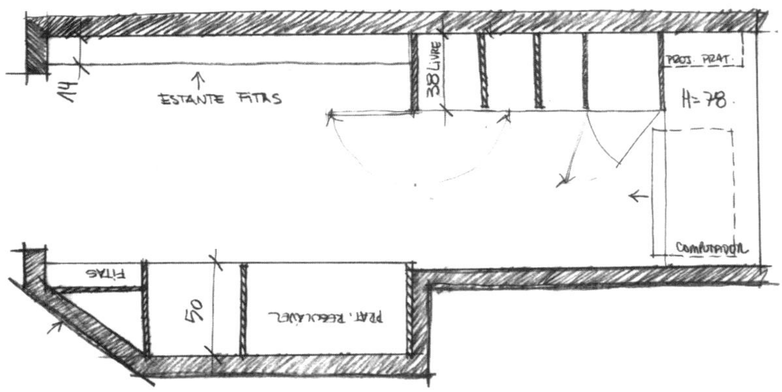

FIG. 107 – Estudo para a área de arquivos de clínica médica.

Sinalização e comunicação
(segundo a NBR 9050)

É importante salientar que uma sinalização correta e eficaz deve ser considerada em todos os projetos.

Formas de comunicação e sinalização a serem consideradas:

- visual (textos e figuras);
- tátil (caracteres em relevo, braile ou figuras em relevo);
- sonora (recursos auditivos).

■ TIPOS DE SINALIZAÇÃO

- *Permanente*: identifica os diferentes espaços, elementos ou, ainda, comandos no mobiliário.
- *Direcional*: indica a direção de um percurso ou a distribuição espacial de um edifício.
- *De emergência*: indica rotas de fuga e saídas de emergência ou alerta para perigo iminente.
- *Temporária*: traz informações provisórias ou que podem ser alteradas de tempos em tempos.

Sinalização mínima necessária

- *Edificação*: permanente – visual e tátil;
direcional – visual e tátil (no piso);
de emergência – visual, tátil e sonora;
temporária – visual.
- *Mobiliário*: permanente – visual, tátil (no piso) e sonora;
temporária – visual.

Dimensões, cores e localização também são determinadas pela NBR 9050.

6

Espaços comerciais

O emprego, cada vez mais constante, de computadores nos ambientes de trabalho alterou e ainda vem alterando o modo de projetar esses ambientes. Independentemente do tipo de atividade a que se destina o projeto, o computador, ao modificar a forma de comunicação entre as pessoas que ali trabalham, altera o mobiliário, a iluminação (que deve evitar reflexos) e a distribuição interna.

Os computadores utilizados para desenvolver projetos com Computer Aided Design (CAD), por exemplo, necessitam de iluminação ainda mais eficaz, já que, na maioria das vezes, os monitores são grandes e de alta resolução, fazendo que a vista do operador se canse. Para sanar esse problema, é aconselhável que a luz usada próximo ao aparelho seja suficiente apenas para iluminar textos ou desenhos, interferindo o mínimo possível na tela.

Considerando a quantidade de horas que passamos em nosso ambiente de trabalho, torna-se ainda mais evidente a necessidade de projetos funcionais e bem-resolvidos. Uma sociedade cada vez mais competitiva encara os projetos comerciais como elementos de vital importância para o sucesso de uma empresa. As estratégias de projeto utilizadas por designers vêm se tornando cada vez mais complexas, visando a conceber ambientes inovadores, criativos, economicamente interessantes e adaptáveis às constantes mudanças ditadas pelo avanço tecnológico.

A importância do funcionamento de ambientes comerciais e suas necessidades básicas são conhecidas e exploradas em livros e revistas – em boa parte importados. Este livro, um dos poucos da área em língua portuguesa, procura orientar os projetos na direção correta, em que a imagem da empresa esteja totalmente expressa e evidente.

Alguns empresários ainda não se deram conta da necessidade de transmitir, no espaço comercial, as características da empresa, como organização, eficiência, coerência, etc. A culpa, entretanto, não deve ficar restrita aos proprietários, mas também deve ser imputada aos profissionais da criação, que muitas vezes falham na execução de um projeto coerente e funcional – mesmo pesquisando novos materiais e/ou soluções criativas –, por não identificarem um objetivo global de projeto que vá além da estética. No meu caso, entendo que a função sempre deve prevalecer sobre os objetivos estéticos.

Lotação das edificações

A lotação das edificações é determinada pelo Código de Obras da cidade onde o projeto deve ser executado. No caso de São Paulo, capital, a Lei nº 11.228, de 25-6-1992,[4] estabelece um índice (*metragem quadrada por pessoa*) em relação à área útil efetivamente utilizada para o desenvolvimento da referida atividade, como:

Comércio e serviços:

- setores de acesso ao público – 5,00;
- setores sem acesso ao público – 7,00;
- circulação horizontal em centros comerciais – 5,00.

4 *Novo Código de Obras e Edificações do Município de São Paulo* (São Paulo: Sinduscon/Pro Editores, 1992).

Bares e restaurantes:

- frequentadores em pé – 0,40;
- sentados – 1,00;
- demais áreas – 7,00.

Prestação de serviços de saúde:

- atendimento e internação – 5,00;
- espera e recepção – 2,00;
- demais áreas – 7,00.

Prestação de serviços de educação:

- salas de aula – 1,50;
- laboratórios e oficinas – 4,00;
- atividades não específicas e administração – 15,00;
- depósitos: 30,00.

Prática de exercício físico ou especial:

- setor para público em pé – 0,30;
- sentado – 0,50;
- outras atividades: 4,00.

Entrada, recepção e sala de espera

A entrada é um forte atrativo do projeto e deve expressar o partido adotado para ele. É o primeiro contato do cliente com esse partido, e a comprovação de que existe coerência entre a fachada e o interior do recinto. Deve ser convidativa, com materiais antiderrapantes, principalmente se tiver acesso direto à rua.

Aquelas localizadas diretamente nas vias externas, em especial, devem ser muito bem iluminadas, para fazer a transição iluminação natural/artificial de forma agradável e confortável. Materiais antiderrapantes também são indispensáveis.

Lembre-se de que, desde o acesso à porta de entrada, devem ser respeitadas e observadas todas as normas existentes para facilitar o acesso de pessoas portadoras de deficiências físicas (NBR 9050).

Qualquer que seja a atividade da empresa, a recepção é um dos mais importantes ambientes – se não o mais importante –, por se tratar do cartão de visitas, da primeira impressão que a empresa passa ao cliente.

Ela deve ter uma atmosfera luminosa e agradável, que convide as pessoas a se aproximarem dela.

Seu estilo e caráter devem se integrar perfeitamente aos da empresa como um todo. A luz mais indicada é aquela gerada por iluminação de destaque diretamente no plano de atendimento, ressaltando as pessoas que ali trabalham. Uma iluminação clara ajuda as pessoas que frequentam o lugar a localizarem a área de atendimento.

Levante todos os equipamentos que devem estar ali concentrados, bem como o número de pessoas que vão trabalhar lá.

As salas de espera devem ser interessantes e confortáveis, com o objetivo de relaxar os clientes, que ali podem permanecer, em certos casos, durante horas. Algumas empresas instalam nesses locais televisores, sempre muito bem recebidos pelos clientes.

Escolha materiais de fácil manutenção, já que várias pessoas poderão utilizar essas áreas num período relativamente curto de tempo.

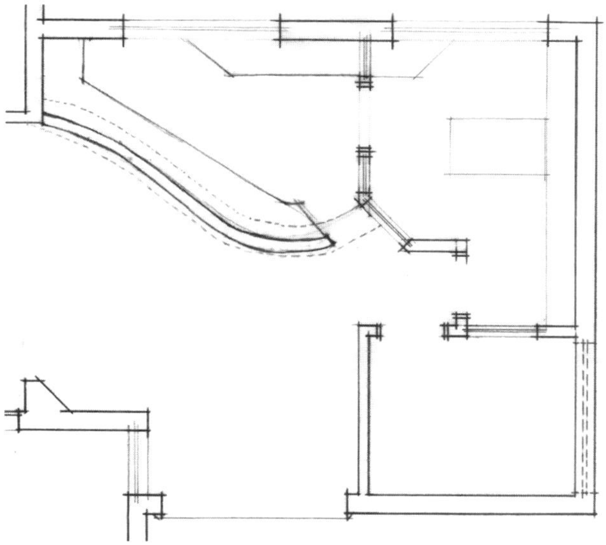

FIG. 108 – Exemplo de recepção em escola de idiomas.

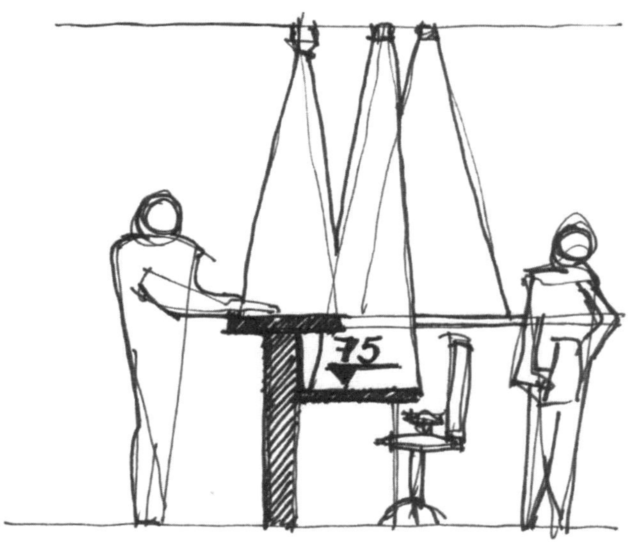

FIG. 109 – Exemplo de balcão para recepção.

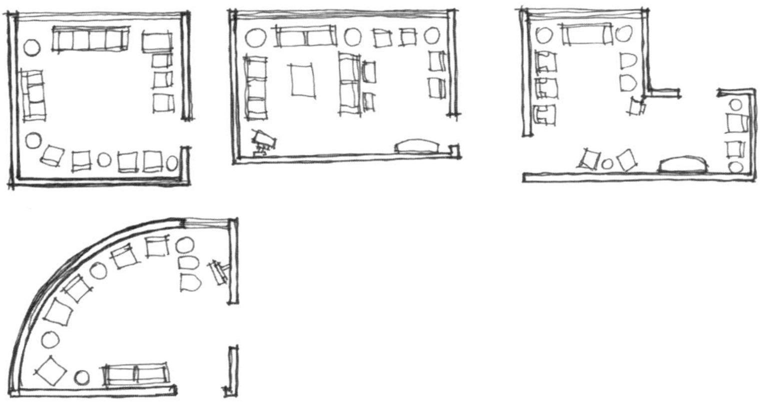

FIG. 110 – Exemplos de salas de espera: quadrada, retangular, em "L" e circular.

Evite que as salas de espera recebam o sol da tarde diretamente, pois isso poderá tornar insuportável a permanência aí em dias de muito calor, quando ocorrem problemas nos sistemas de ar-condicionado (sempre ocorrem!).

Acesso fácil e sinalizado aos toaletes é sempre desejável.

O Guia de acessibilidade em projetos arquitetônicos, elaborado pela Prefeitura de Santos por meio da Coordenadoria de Defesa de Políticas para Pessoas Portadoras de Deficiência (Code), estipula que deve haver acessibilidade em:

Escritórios e consultórios médicos

- balcões, corredores e portas;
- pelo menos um sanitário unissex por andar.

Lojas

- pelo menos um sanitário unissex por andar;
- portas, balcões e corredores;
- pelo menos um vestiário.

Restaurantes e lanchonetes

- mínimo um sanitário acessível;
- portas, circulação e balcão;

- mínimo de uma mesa ou 5% das mesas acessíveis;
- em autosserviço, apoio a 85 cm de altura, espaço para apoiar o prato com vão livre embaixo.

Banheiros e lavatórios

Embora os códigos de obras estabeleçam a quantidade e as dimensões mínimas destinadas a esses ambientes, na maioria dos casos, determinar a quantidade e as dimensões ideais de banheiros e lavatórios destinados ao público pode ser um processo complexo. Não se esqueça de que banheiros destinados a deficientes físicos devem estar sempre presentes. Lembre-se de que posicionar esses banheiros exclusivos dentro das dependências masculinas ou femininas poderá ser um fator de inconveniência para pessoas do sexo masculino acompanhadas por enfermeiras e vice-versa. Uma opção mais conveniente e correta seria a separação total do sanitário, favorecendo e preservando a privacidade dos deficientes acompanhados por enfermeiras ou auxiliares. Banheiros masculino e feminino para os funcionários também devem ser previstos no projeto.

Verifique o Código de Obras e as normas regulamentadoras da cidade onde será executado o projeto.

Lojas, escritórios, restaurantes, etc. situados em shopping centers ou em grandes empreendimentos comerciais, na maioria das vezes, não precisam se preocupar com esses ambientes, já que são projetados e fornecidos pelo empreendedor.

Porém empresas estabelecidas isoladamente ou em complexos menores devem definir a forma como desejam atender seus clientes e funcionários.

Restaurantes, bares e complexos comerciais como shopping centers são os que mais investem nesses ambientes, já que, na maioria dos casos, seguem a mesma temática escolhida para o projeto geral do shopping. Podem representar também uma forma de poder e sofisticação, tal qual os banheiros de algumas residências. Nesses casos, podem chegar a ter salas de repouso com cadeiras, lavatórios extras independentes e muitos outros sinônimos de conforto.

Mais uma vez, deve-se optar por materiais seguros e de fácil manutenção, já que um mesmo material pode ser encontrado em diferentes padrões, texturas e cores, atendendo, certamente, à proposta adotada.

A tecnologia também está presente nesse ambiente, com soluções de acionamento automático para descargas, torneiras e mictórios, além de caixas-d'água acopladas e modelos especialmente desenhados para economizar água. Acendimento automático para a iluminação desses ambientes também é uma opção que deve ser considerada, pois economizará energia.

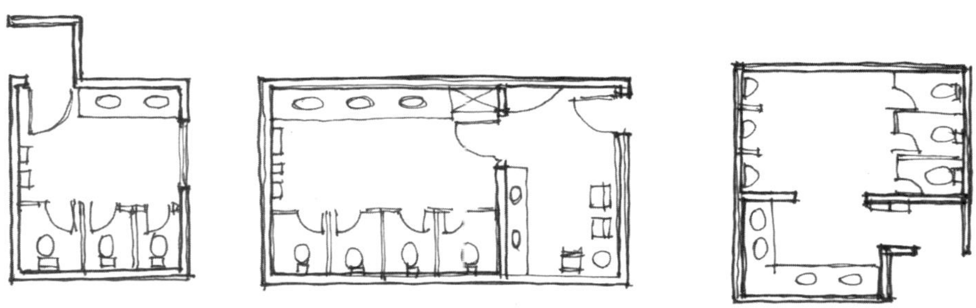

FIG. 111 – Alguns exemplos de banheiros.

Aparelhos para a secagem das mãos (que realmente funcionem!) são a melhor opção para economizar materiais e gerar menos lixo. Além de demandar menos mão de obra, com a locomoção ou o armazenamento das toalhas de papel que seriam utilizadas.

Algumas informações importantes para os banheiros para deficientes físicos:

- Portas devem abrir para fora.
- Barras verticais dos dois lados de um mictório.

- Torneira do tipo alavanca, pressão ou sensor.
- Pia com barra ao redor e presa somente na parede.
- Espelho inclinado ou com altura máxima de 90 cm.
- Papeleira e outros com altura máxima de 1,20 cm.
- Banco (70 cm x 45 cm) basculante para cima no chuveiro com altura de 46 cm, não escorregadio e sem arrestas.
- Saboneteira e chuveirinho na parede lateral do banco.
- Maca (80 cm x 2,10 m com altura de 46 cm) para troca de roupa nos vestiários.

■ DIMENSÕES DOS ESPAÇOS

Devem ser respeitadas, mais uma vez, as considerações da NBR 9050 quanto às dimensões dos banheiros destinados a deficientes físicos que utilizem cadeiras de rodas.

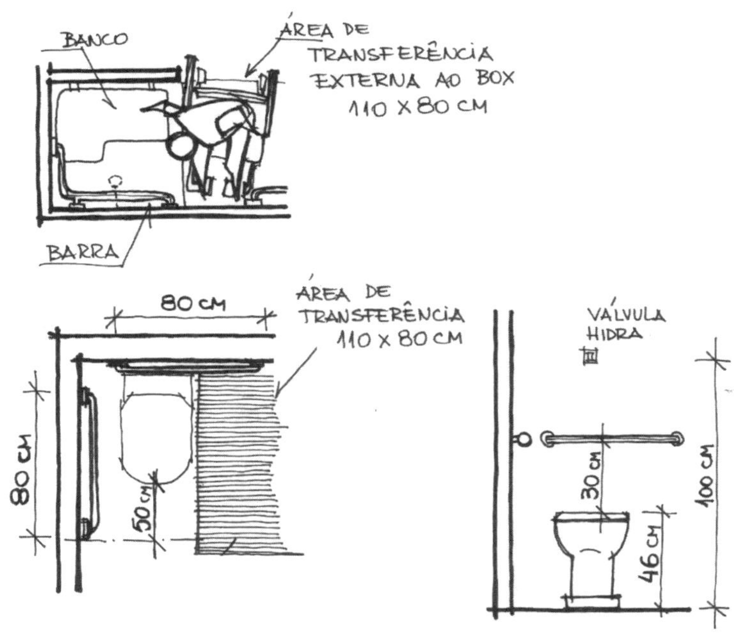

FIG. 112 – Algumas medidas recomendadas para o uso de pessoas em cadeiras de rodas (as mesmas utilizadas em áreas residenciais).

Dimensionar corretamente esses espaços pode ser complicado, já que, dependendo do tipo de empresa, muitas serão as variantes que podem comprometer a correção dessas medidas.

Escritórios de grandes empresas americanas contam com *executive washrooms*, que visam a proporcionar toda a comodidade necessária a seus executivos.

FIG. 113 – Exemplo de executive washroom.

A iluminação necessária nesses verdadeiros banheiros para executivos deve estar de acordo com as atividades previstas para eles. Caso se espere que as pessoas retoquem a maquiagem ou façam a barba, é indicada uma iluminação não somente superior, como também frontal.

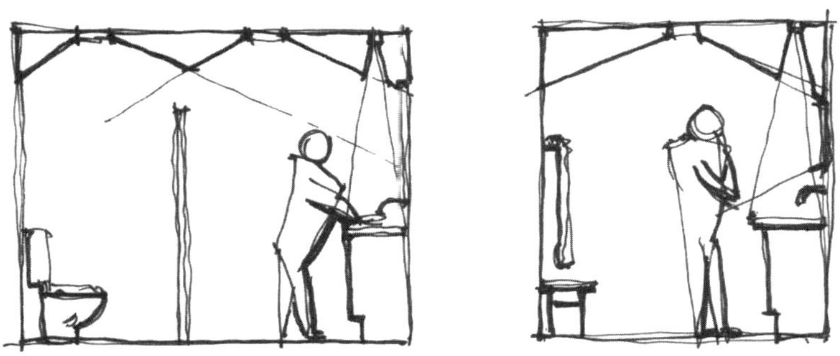

FIG. 114 – Exemplos de iluminação recomendada para uma perfeita distribuição de luz.

■ MATERIAIS

Vale a pena ressaltar que os materiais para banheiros e lavatórios devem favorecer uma manutenção fácil e rápida, pois, dependendo do local, várias pessoas costumam utilizar esse ambiente por dia.

Academias de ginástica, clubes e clínicas de beleza, por exemplo, devem ter piso antiderrapante.

Escolha corretamente as cores e texturas, levando em conta as dimensões do ambiente, o número de pessoas que devem utilizá-lo ao mesmo tempo, além da sensação espacial como um todo.

Peças como lavatórios também devem ser consideradas, principalmente pela sua funcionalidade e praticidade e, posteriormente, pela estética.

Soluções diferenciadas podem ser bem interessantes e únicas. Avalie, entretanto, a praticidade da proposta.

Escritórios

Como o mundo está cada vez mais dinâmico e em constante mudança, as relações de trabalho e o próprio modo de trabalhar também estão sujeitos a esse dinamismo conceitual e prático. Uma economia globalizada requer a adaptação de empresas que podem pensar não mais num mundo restrito de clientes. O céu pode ser o limite!

A evolução tecnológica constante, com o desenvolvimento de produtos, equipamentos e sistemas computadorizados cada vez mais complexos e inteligentes, faz que o projeto de escritórios seja um processo dinâmico, em que a pesquisa com certeza é sinônimo de sucesso.

Essa tecnologia vem vencendo cada vez mais barreiras físicas e possibilitando que aconteçam reuniões sem a efetiva presença *in loco* dos participantes.

As pessoas podem se comunicar de onde estiverem. Assim sendo, o trabalho, anteriormente restrito aos ambientes comerciais, pode agora ser realizado em qualquer parte do mundo, ou mesmo em casa, nos cada vez mais famosos e especializados home offices.

Alguns conceitos, como *info corner*, *cyber point* e *circuito motivacional*, utilizados no evento "Escritórios do Futuro", realizado em São Paulo, procuram sofisticar e dar charme aos escritórios, tão friamente tratados durante anos.

Como já mencionei, as pessoas podem passar mais de oito horas por dia dentro desses ambientes. Portanto, elas merecem ser tratadas de modo interessante e humano.

São inúmeros os recursos para que se aumente a produtividade de uma empresa, e humanizá-la é um deles.

UM POUCO DE HISTÓRIA

Como o mundo vem mudando desde sua criação, assim também mudam a economia, a política, as necessidades dos indivíduos, as relações interpessoais e, consequentemente, o modo de trabalhar.

A revolução dos escritórios começou verdadeiramente com o advento da Revolução Industrial. O crescimento das organizações e a consequente necessidade de estruturação das atividades administrativas deram início à organização dos escritórios. Nessa época, os ambientes eram rígidos e hierarquizados.

Um escritório fechado para o chefe e uma sala à parte para os funcionários e a secretária foram o modelo seguido até 1904, quando o arquiteto Frank Lloyd Wright começou a abrir as salas privativas.

Após a Segunda Guerra Mundial, as relações das pessoas no trabalho começaram a mudar, tornando-se mais humanistas, valorizando o ser humano e dando um caráter mais social às empresas.

O maior impacto, entretanto, ocorreu na Alemanha, em 1950, quando um grupo chamado Quickborner criou o conceito de *office landscape*, ou "escritório panorâmico", abrindo pela primeira vez, na história dos escritórios, todas as salas privativas e colocando funcionários e direção num único ambiente aberto. Esse conceito não seguia a forma arquitetônica dos edifícios, mas organizava os espaços internos conforme o fluxo e as informações, sendo, portanto, muito mais orgânico.

Foi nos anos 1960, com a criação de novas peças de mobiliário, ou seja, dos sistemas integrados, pelo designer Robert Probst, que o modo de planejar os escritórios sofreu nova mudança, passando a enfatizar mais o trabalho em grupo do que o individual. Ele propunha um escritório mais dinâmico, prático, orgânico e flexível às reestruturações internas das empresas.

Nos anos 1970, a preocupação com a gestão de qualidade total iniciada no Japão alterou o organograma das empresas, que agora contavam com funcionários em novas funções ainda mais especializadas. Portanto, as empresas passaram a necessitar de maior espaço e maior flexibilidade espacial. Um novo conceito, modular, denso, de concepção mais formal e com corredores bem delimitados, começou a existir: *open plan*, ou melhor, "escritório de planta livre", em que os funcionários são prioritariamente considerados.

A busca por cadeiras e poltronas ergonomicamente corretas começou nos anos 1970. Atualmente, um projeto ergonomicamente correto é "prioridade absoluta", já que os locais de trabalho podem absorver mais de oito horas de nosso dia.

Os anos 1980 depararam com um mercado mais competitivo, com avanços tecnológicos que colocavam o computador como um bem mais acessível, com o processo de terceirização e o enxugamento das empresas, e com o início da globalização. Agora, a melhor opção para as empresas passava a ser um misto de espaços abertos, abertos/fechados e fechados mais privativos.

Nos anos 1990, mais uma significativa mudança aconteceu com o avanço tecnológico e a possibilidade de os funcionários trabalharem em diferentes locais, o que alterou as relações pessoais e de trabalho. Mais liberdade de movimentos e a possibilidade de compartilhamento de estações de trabalho favoreceram o aparecimento de outras soluções e novos conceitos, como *hoteling* (destinado a altos e médios executivos), *free address* (para os demais funcionários) ou *clube* (destinado a funcionários mais externos do que internos). Cresceu a preocupação em manter a cultura corporativa e o contato social entre os funcionários.

É, entretanto, o advento do escritório virtual, associado a uma nova dinâmica social, que está por concretizar uma das maiores mudanças estruturais nos escritórios. Uma preocupação cada vez maior com a qualidade de vida e no ambiente de trabalho e com as relações sociais está direcionando o novo conceito que vem se desenvolvendo, em que a capacidade intelectual dos indivíduos é cada vez mais considerada o maior bem das empresas.

A relação entre o poder empresarial e o apelo visual dos escritórios ainda é, porém, um forte condutor de propostas de projeto.

Como símbolo de tradição, dinheiro, força, avanço tecnológico, eficiência, capacidade administrativa e organizacional ou mesmo modernidade, os escritórios devem representar explicitamente a imagem da empresa a que pertencem.

Com a "acessibilidade em mente", procure garantir que todos sejam considerados no espaço projetado. Da entrada com possível rampa de acesso, dimensões corretas de portas e corredores ao correto dimensionamento do mobiliário.

■ ESCRITÓRIOS COMERCIAIS SEGUNDO A SOLUÇÃO ESPACIAL

Escritório convencional

É um escritório basicamente composto de salas individuais ou, pelo menos, de uma sala para a gerência e uma para os funcionários e a secretária. É uma proposta antiga, porém perfeitamente adaptada para as necessidades de algumas empresas – na maioria, pequenas.

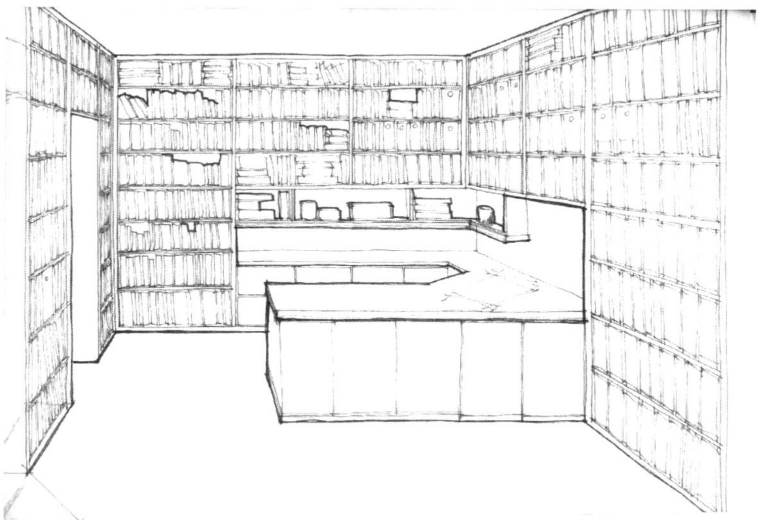

FIG. 115 – Exemplo de sala de advogado em escritório de advocacia.

Escritório de planta livre

É um conceito que começou a ser desenvolvido nos anos 1950 e que vem se aperfeiçoando não somente com relação aos conceitos de projeto e planejamento, mas também quanto a seu modo de utilização, principalmente graças à tecnologia.

Conhecido por diferentes nomes durante sua evolução, utiliza divisórias baixas com móveis em sistemas integrados ou modulares e peças de mobiliário componíveis para a criação de estações de trabalho altamente funcionais.

Adaptável a qualquer modalidade de empresa, ajuda na melhor otimização do espaço disponível, permite flexibilidade e pode aumentar a capacidade produtiva dos funcionários ao lhes facilitar a comunicação e a interação.

É uma opção que permite adaptar qualquer escritório a praticamente qualquer espaço, ajudando a controlar os custos da empresa com ar-condicionado, aquecimento ou iluminação.

Entre as desvantagens apontadas por funcionários estão a falta de privacidade e possíveis problemas acústicos.

Novo escritório

Podemos dizer que os escritórios projetados hoje são um misto de espaços totalmente abertos para a integração de alguns setores da empresa, salas fechadas para reuniões e maior privacidade quando necessária, espaços compartilhados por funcionários que não passam todo o tempo na empresa (*free address*), salas para videoconferências, espaços comuns para socialização e troca de ideias (*clubes*), áreas de repouso, salas de ginástica, cibercafé, etc. A utilização de painéis móveis com trilhos e guias pode oferecer ainda maior flexibilidade espacial.

Outra novidade incorporada por algumas empresas, por necessidade de maior controle e segurança, é a existência de uma recepção desconectada do escritório, ou seja: em grandes edifícios e complexos, muitas vezes a recepção é incorporada ao térreo e faz triagem para todos os escritórios ali localizados. Portanto, o primeiro ambiente desses escritórios passa a ser uma sala de espera.

Uma preocupação maior com a qualidade de vida dos funcionários, a tecnologia e a globalização alteraram as relações de trabalho e o conceito de "local de trabalho".

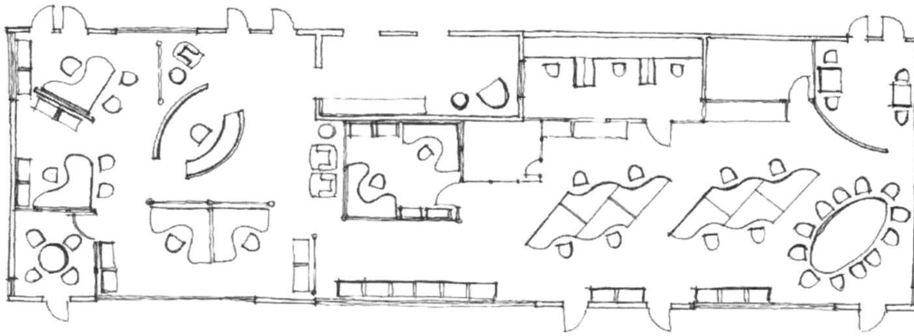

FIG. 116 – Exemplo de new office, com salas individuais e abertas.

■ DISTRIBUIÇÃO DO MOBILIÁRIO

Várias são as formas como podemos distribuir as peças do mobiliário, na busca de uma solução funcional. Como são inúmeros os fabricantes de móveis para escritório, restrinjo-me às composições básicas, sem me preocupar com um modelo específico.

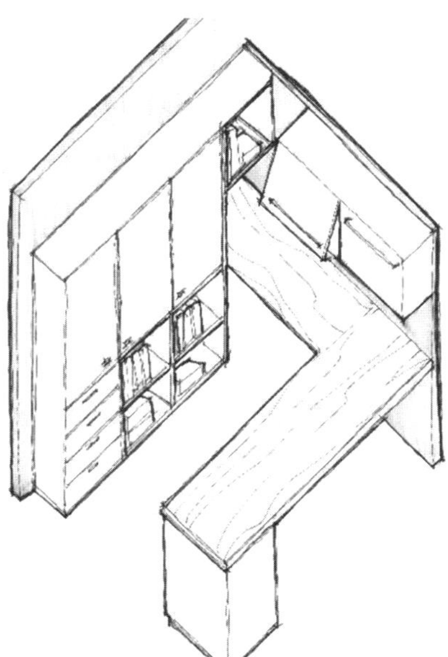

FIG. 117 – Exemplo de estações de trabalho.

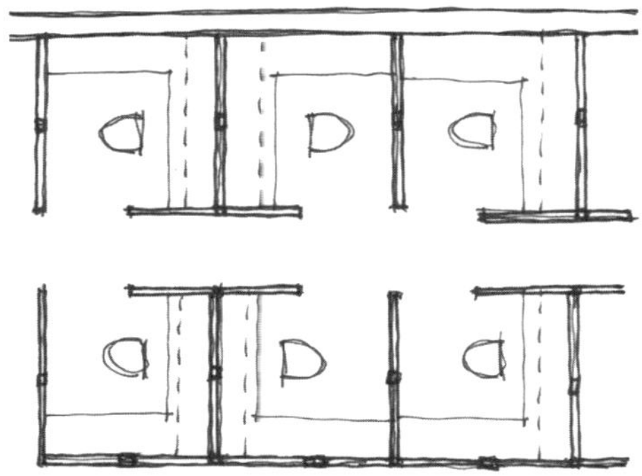

FIG. 118 – Exemplo de pequenas salas (casulos), com mais privacidade.

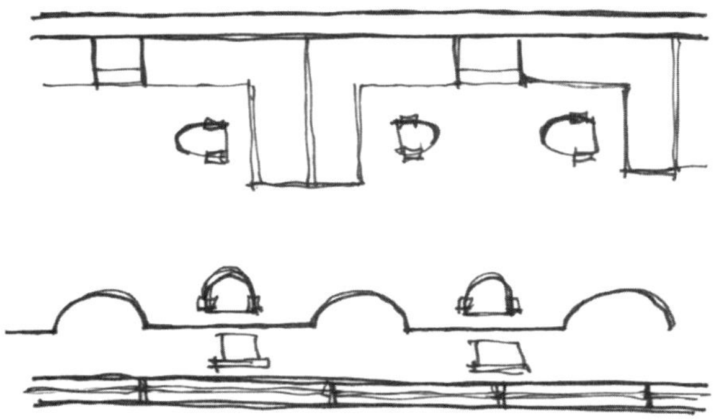

FIG. 119 – Exemplo de sa a linear, com melhor interação.

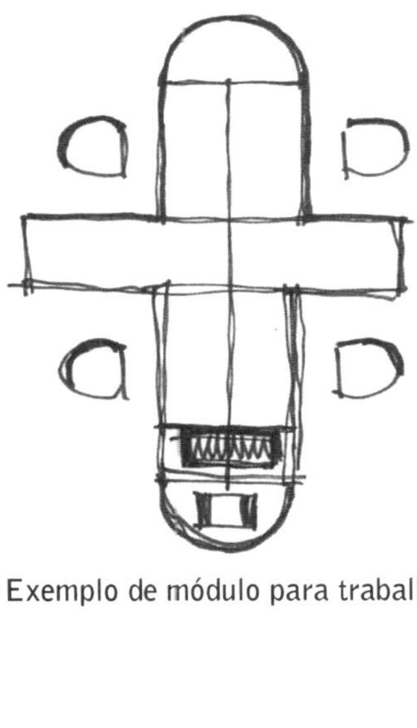

FIG. 120 – Exemplo de módulo para trabalho em grupo.

■ HOME OFFICE

O aparecimento e o crescimento da utilização do home office devem-se, principalmente, aos avanços da tecnologia, que permitem, de um escritório em casa, o acesso ao "mundo".

Esse espaço pode ser utilizado oito horas por dia, meio período ou somente algumas horas. O levantamento das suas reais necessidades determina a diretriz que o projeto deve seguir.

Pode ser utilizado como uma extensão do trabalho da empresa, como escritório comercial ou de prestação de serviços, embora possa haver algumas ressalvas na legislação das diferentes prefeituras e órgãos responsáveis quanto a essa utilização. É sempre bom lembrar que ele só será eficiente se ali estiverem disponíveis as mesmas facilidades e comodidades existentes numa empresa.

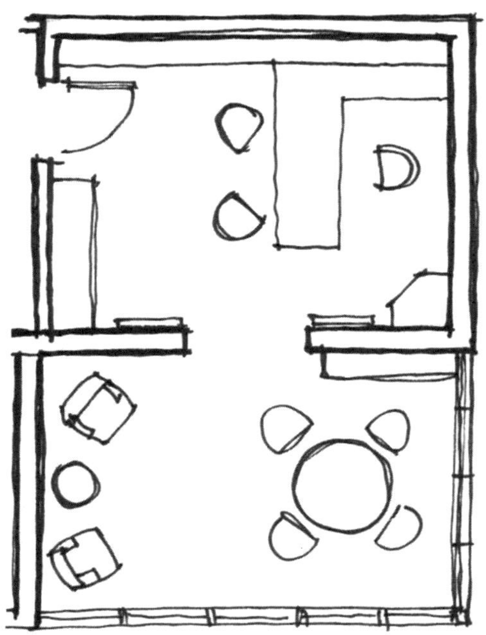

FIG. 121 – Varanda incorporada ao escritório, permitindo a criação de uma sala de reuniões.

Independentemente do tamanho do escritório em questão, os mesmos princípios de controle de insolação, iluminação, ventilação, problemas acústicos, etc. devem ser observados para que se proporcione total conforto aos usuários no ambiente de trabalho.

Sua localização é fundamental e deve ser estudada com carinho. Os acessos devem ser providenciados segundo a necessidade de maior ou menor privacidade para o trabalho e para a residência.

As peças do mobiliário podem ser compradas prontas ou feitas sob medida, o que possibilita a otimização dos espaços, já que na maioria das vezes eles tendem a ser reduzidos.

Podem ser necessários espaços para reuniões. Não se esqueça de garantir conforto, privacidade e fácil acesso ao escritório.

A necessidade de um local para arquivos e papéis pode ser satisfeita com a criação de peças de mobiliário especiais e perfeitamente adaptadas às exigências do cliente.

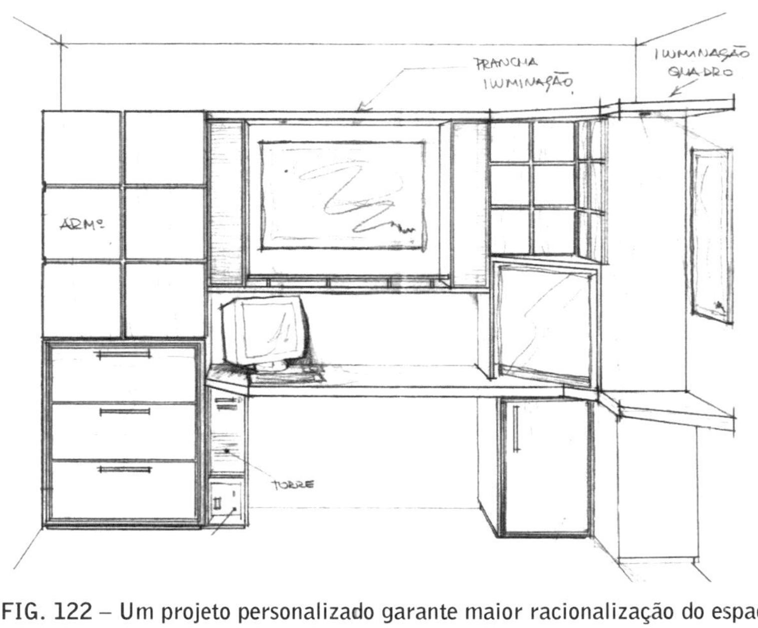

FIG. 122 – Um projeto personalizado garante maior racionalização do espaço.

Algumas considerações quanto à acústica:

- A inserção de elementos suspensos pode ajudar na acústica de estações de trabalho, bem como a altura e a espessura dos painéis utilizados.
- Todo som não bloqueado pelas divisórias ou por qualquer outro tipo de obstáculo criado no projeto deve ser contido pelos materiais das superfícies.
- Divisórias acústicas bloqueiam sons externos ao ambiente.
- A utilização de som em alto-falantes – música, por exemplo – pode camuflar os ruídos não absorvidos, desde que a frequência do som emitido seja compatível com o ruído a ser camuflado.

Lojas

Um dos maiores concorrentes que alguns empresários enfrentam hoje é a internet. Com a possibilidade de compra *on-line*, não só no Brasil como em qualquer parte do mundo, a competição tornou-se muito mais acirrada. A comodidade de comprar a qualquer hora sem enfrentar fila, problemas com estacionamento ou trânsito é, de certo modo, a grande responsável por alterações no hábito de uma grande parte da população mundial.

Graças a essas mudanças, a comodidade oferecida pelos lojistas e a qualidade do serviço prestado são agora os carros-chefes de algumas empresas bem-sucedidas. O papel dos designers passou a ter maior responsabilidade ainda, traduzindo e representando a filosofia do produto ou da empresa, ou a criação – conservadora ou ousada – de ambientes interessantes e que possam não só atrair o público como também servi-lo confortavelmente.

É importante relembrar que o resultado visual pode induzir ou não um cliente a entrar em uma loja. Por essa razão, é fundamental para o sucesso do projeto que o público-alvo seja corretamente identificado.

É lógico que conceitos diferentes devem ser aplicados para cada caso. Por exemplo, em lojas de grande rotatividade e de barganhas, o que se leva em conta é o baixo custo da mercadoria, com o menor investimento possível. Elas não atraem pelo visual, mas sim pelo preço.

Essas lojas devem ter uma atmosfera clara, com circulação que facilite percorrer todo o espaço num percurso contínuo e com expositores simples. Com os consumidores percorrendo e analisando todas as mercadorias, fica fácil induzi-los à compra de algo de que na realidade não precisam, mas que custa pouco.

Uma boa iluminação geral e outra de tarefa na caixa geralmente cobrem as necessidades com baixo investimento em luminárias.

Lojas que pretendem mostrar uma imagem diferenciada, de exclusividade, para atingir um público de maior poder aquisitivo, investem num projeto personalizado, digamos que proporcional ao valor das mercadorias à venda.

A atração começa pela vitrine, em lojas pertencentes a complexos comerciais, e pela fachada, em lojas localizadas diretamente nas vias de acesso externas.

Em ambos os casos, elas devem retratar tanto o interior da loja quanto o perfil do produto à venda. É extremamente necessária essa correlação para que uma leitura visual informe a quem se destina o produto.

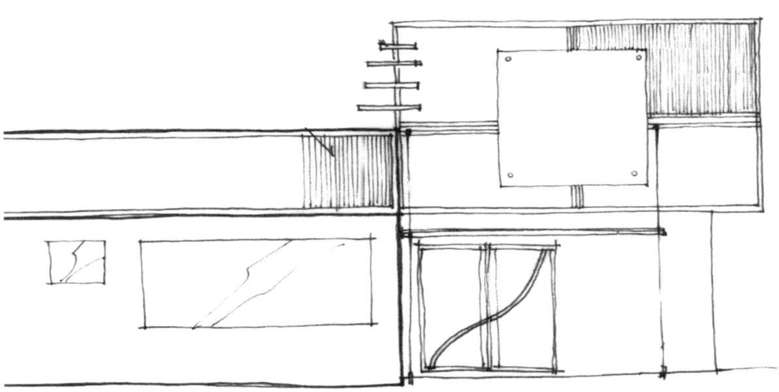

FIG. 123 – Estudo de fachada.

As vitrines podem apresentar diferentes propostas, por exemplo, ser bem delimitadas pela exposição de mercadorias, ou ser a própria vitrine parte da loja, etc. Cada vez mais encontramos soluções ousadas e criativas.

FIG. 124 – Tipos de vitrines.

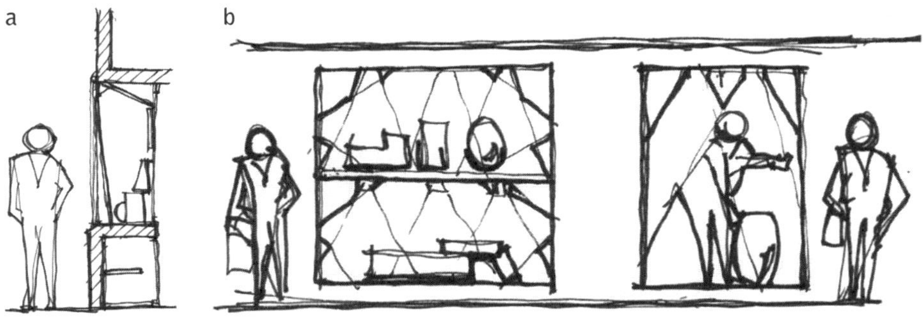

FIGS. 125a e 125b – Exemplos de iluminação de vitrines.

Os provadores, quando necessários, devem ter iluminação e circulação de ar adequadas, com espaço apropriado para que as pessoas possam se movimentar com conforto. O piso desses locais pode ser de carpete ou de madeira. Evite a cerâmica, pois, embora seja de fácil manutenção, não é nada agradável ao toque de pés descalços.

A área de atendimento pode incorporar pequenas estações de trabalho, independentes ou acopladas, dependendo das necessidades de desenvolvimento do negócio.

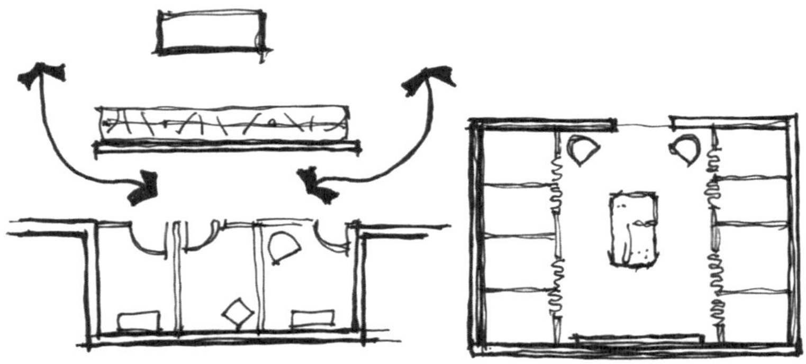

FIG. 126 – Provadores individuais com e sem sala central.

Alguns estabelecimentos oferecem uma área com café, chá ou água operada no sistema *self-service* ou com a utilização de copeiros.

Uma área de espera também pode ser oferecida para acompanhantes e pessoas idosas.

A caixa deve ficar num local de fácil acesso e estar devidamente sinalizada. Devem ainda ser previstas tanto uma área para o estoque de mercadorias, quando houver necessidade (lojas de móveis, por exemplo, podem trabalhar somente com peças de exposição), como uma área administrativa.

Outros setores também podem ser necessários, dependendo da natureza do negócio.

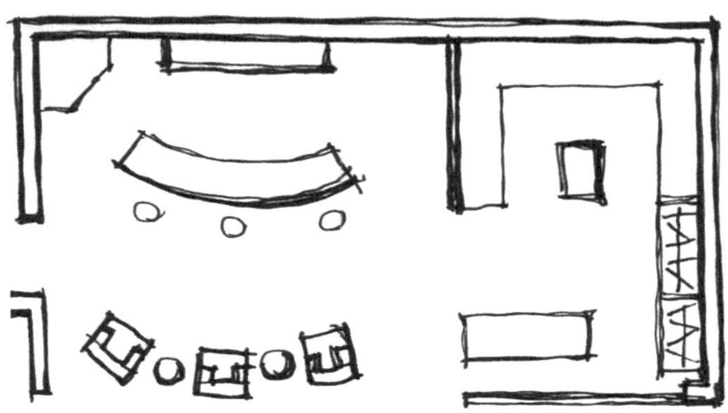

FIG. 127 – Área de socialização com café e cadeiras ajuda os acompanhantes a passar o tempo e estimula a venda, dado o conforto oferecido.

A tecnologia certamente está presente, quer em computadores ou sistemas de iluminação, aparelhagem de som ambiente, telas de projeção, tevês, etc. Portanto, pesquise e utilize a criatividade para dar charme ao projeto.

Consultórios

Diferentes modalidades de consultórios necessitam de soluções também diferentes.

O mesmo processo de projeto de escritório apresentado anteriormente deve ser aplicado nesse caso, levantando-se necessidades, atividades, etc.

Consultórios individuais devem respeitar a rotina e a forma de trabalhar de seu ocupante. Esses ambientes têm sua diretriz de projeto estabelecida mais em entrevistas do que em pesquisas de informações genéricas sobre as diferentes profissões.

FIG. 128 – Consultório de forma retangular dividido "pelo teto" com a criação de forro rebaixado em área destinada a um pequeno escritório.

Consultórios compartilhados por mais de um profissional devem ser projetados com uma solução neutra, genérica, a fim de atender indiferentemente os profissionais que farão uso do mesmo espaço.

Uma solução personalizada e diferenciada pode ser alcançada com móveis projetados especialmente para o consultório. Muitas vezes, cabe ao designer projetar peças, como uma mesa com tampo de vidro e iluminação interna para a análise de radiografias de raios X.

Os consultórios médicos e, principalmente, de psicólogos e psiquiatras devem considerar a vedação acústica e a privacidade como prioritárias. Vidros duplos, películas protetoras nas janelas, portas duplas, etc. poderão ser necessários nesses ambientes.

A iluminação também deve ser alvo de atenção especial. De preferência, opte por acendimentos independentes para cada tipo – ou seja, iluminação geral, de tarefa e decorativa –, permitindo criar diferentes atmosferas dependendo da necessidade.

O uso de um esquema neutro de cores com a utilização de madeira pode compor um ambiente aconchegante e acentuar a proximidade entre as pessoas.

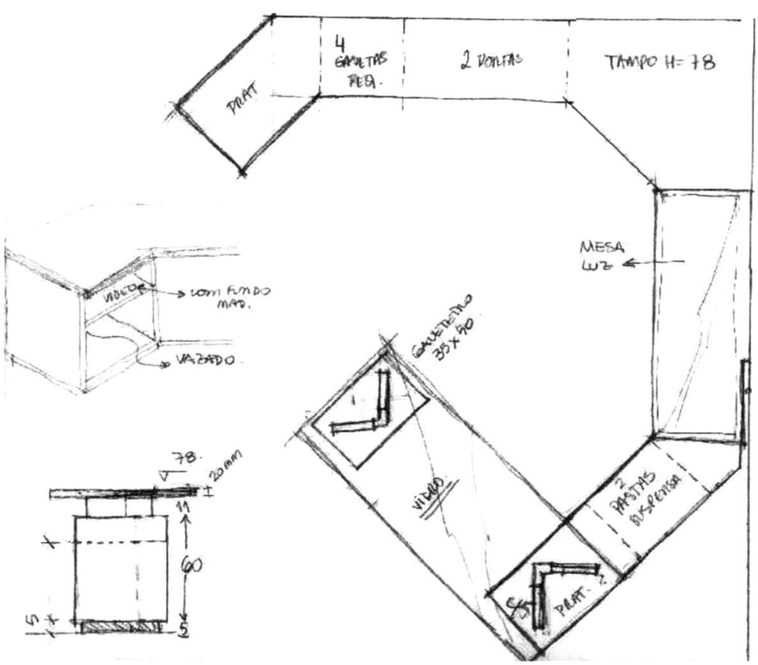

FIG. 129 – Exemplo de estudo de mobiliário para consultório médico.

Lembre-se de que cada caso é um caso. Procure evitar tons de vermelho, por exemplo, em consultórios de dentistas, psiquiatras ou qualquer outro ambiente onde seja aconselhável acalmar os pacientes.

Recordo-me do consultório de um dentista que tinha um interessante movimento no forro da sala. Esse elemento ajudava a distrair a atenção de quem estava sob tratamento dentário.

Os materiais são absolutamente importantes para o correto desempenho desses ambientes. Verifique cuidadosamente suas características e escolha a que melhor contribuir para um resultado de sucesso.

Restaurantes, bares e lanchonetes

Ao projetar esses tipos de estabelecimentos, é necessário que o designer estabeleça uma conexão entre o cardápio e a estética adotada. É uma tarefa complexa, já que itens como circulação, funcionalidade, praticidade, problemas acústicos, segurança de clientes e funcionários estão diretamente comprometidos a um orçamento, a uma estética e às leis e normas vigentes.

A maioria dos projetos ligados à alimentação é temática ou possui fortes características estéticas, buscando proporcionar ao ambiente personalidade e distinção.

Empresas que trabalham com franquia devem respeitar um projeto bem padronizado, pois refletem mais do que simplesmente um local para comer ou beber; representam também um modo de trabalhar, um serviço, uma linha de pensamento, um conceito empresarial padrão.

O projeto basicamente trata de duas zonas distintas. A primeira, destinada ao público, ou seja: entrada, recepção, espera, banheiros e área de alimentação. A outra, voltada para a preparação e o controle das atividades na cozinha, áreas de armazenamento, escritório e áreas de serviços em geral.

As duas zonas devem ser projetadas com perfeita inter-relação. Se projetadas por diferentes profissionais, devem interagir, já que uma precisa dar suporte à outra. A zona de preparo, armazenamento e cozimento pode, muitas vezes, ser projetada por profissionais especializados em cozinhas industriais e deve ser supervisionada pelo autor da outra zona do projeto para garantir "que falem a mesma língua".

FOTO 3 – Diferentes alturas para as diferentes superfícies das mesas. Balcão e mesa central de apoio podem ser identificados nesse projeto, bem como diversas opções de assentos (Austrália ocidental).

■ ZONA DE PÚBLICO

É cada vez mais considerada "não fumante". Na maior parte dos casos, não é mais necessário projetar áreas diferenciadas, e acredito que em mais alguns anos tais divisões sejam totalmente banidas.

É importante identificar o objetivo do estabelecimento, pois cada um deles necessita de um tipo de solução interna.

Restaurantes mais intimistas e refinados trabalham com poucas mesas e iluminação mais aconchegante.

Restaurantes de *fast food*, por quilo, lanchonetes, etc. buscam atender uma quantidade maior de pessoas para que haja mais rotatividade. Nesse caso, necessitam de espaçamento maior entre as mesas, já que o número de pessoas circulando no local é grande. A iluminação é mais clara e fria, e as cores, mais vibrantes (amarelo, laranja e vermelho são as ideais).

O número de pessoas sentadas varia, dependendo, entre tantos fatores, do tipo de assento existente.

Já para as lojas de *fast food*, *drive through*, *take away* e demais estabelecimentos onde são compradas refeições a serem consumidas em casa ou em áreas coletivas de alimentação, é indispensável um planejamento de produção em série altamente eficaz. O apelo estético deve ser forte, pois, na maioria dos casos, estão localizados vizinhos a outros tantos concorrentes.

FOTO 4 – Restaurante de fast-food com iluminação geral por meio de lâmpadas fluorescentes e com lâmpadas incandescentes para a correção da cor dos alimentos na área de preparo. Spots com lâmpadas incandescentes para a iluminação do balcão e, como iluminação de destaque, lâmpadas dicroicas, que iluminam o cardápio exposto na parede.

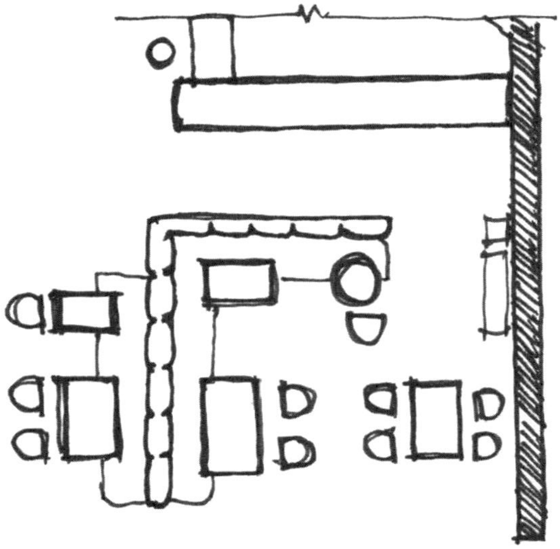

FIG. 130 – Exemplo de restaurante com bancos e cadeiras.

Restaurantes onde as pessoas se sentam de frente para o *chef* são muito comuns na culinária japonesa. É bom salientar que, nesse caso, ele é o centro das atenções e deverá ser explorado como principal ponto de interesse do projeto. Esse tipo de solução explora bastante os bancos e balcões.

A localização das janelas pode representar um forte estímulo se proporcionar vistas agradáveis. Portanto, crie vistas interessantes sempre que possível.

Os materiais utilizados devem estar de acordo com o caráter ou tema escolhido, levando-se em consideração, logicamente, a manutenção e a segurança dos consumidores. Locais de alta frequência devem optar por materiais resistentes, não somente nas paredes e nos pisos, como também no mobiliário.

Possíveis problemas com a acústica dos ambientes devem ser considerados no momento da escolha dos materiais. Tratamentos acústicos nos forros e nas paredes também devem ser levados em conta caso sejam necessários.

Materiais lisos e duros são de fácil manutenção, entretanto são os mais favoráveis à reverberação do som. Tetos altos, ambientes grandes e pisos cerâmicos também podem ser um grande problema quanto à acústica de restaurantes e bares. Ambientes menores, subdivididos por paredes, ajudam a controlar o barulho gerado dentro dos estabelecimentos, mas podem ser uma solução problemática para restaurantes de alta rotatividade, por exemplo.

Projetar um estabelecimento agradável e de acordo com as necessidades acústicas e funcionais é um trabalho que necessita de muita pesquisa e dedicação.

A iluminação e a cor devem ser pensadas como um todo, já que, como foi explicado no capítulo 2, o tipo de iluminação altera o modo como vemos as cores e vice-versa.

A iluminação é sempre a grande vedete nesses tipos de projetos. Deve ser absolutamente bem cuidada, com lâmpadas corretamente escolhidas. A manutenção deve ser levada em conta durante a escolha do tipo de luminária – paralelamente, é claro, ao estilo, já que alguns estabelecimentos usam as luminárias propriamente ditas como elemento compositivo.

Evite iluminação sobre a cabeça das pessoas e a criação de espaços escuros indesejáveis.

A atmosfera desejada tem grande embasamento na iluminação. O que acontece com bastante frequência, prejudicando os projetos após a inauguração desses estabelecimentos, é que os proprietários, por descuido, falta de informação ou mesmo economia na hora de adquirir lâmpadas de reposição, acabam substituindo as lâmpadas cuidadosamente escolhidas por outras completamente diferentes, alterando bastante o resultado final. O problema é que, na maioria das vezes, não percebem isso!

FIG. 131 – Cuidado ao posicionar a iluminação: evite áreas escuras nas mesas, bem como cones de luz sobre a cabeça das pessoas.

Informar ao cliente o porquê de cada tipo de lâmpada escolhido é absolutamente indispensável e, muitas vezes, vital para o projeto.

As cores que melhor se adaptam a empresas ligadas à alimentação são as de tonalidades quentes, como amarela, laranja e vermelha, por estimularem o apetite. Tons mais frios de amarelo, mostarda ou mesmo violeta não afetam tanto a psique dos consumidores. Alguns autores também consideram o verde, na sua tonalidade pura, um forte estimulante do apetite. É lógico, entretanto, que, como esses locais muitas vezes seguem ou mesmo criam modismos, as cores da moda de certa forma estão presentes.

Não podemos de forma alguma esquecer a tecnologia. Levante o que precisa ser instalado e o que pode ser incorporado ao projeto para melhorar ainda mais seu desempenho.

O armazenamento de bebidas e refeições deve ser previsto de modo que facilite o funcionamento do estabelecimento. Portanto, é indispensável pesquisar os equipamentos disponíveis e analisar sua viabilidade.

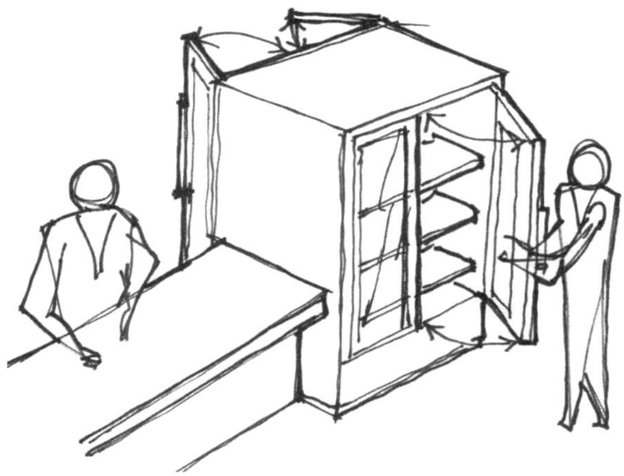

FIG. 132 – Freezer com dupla abertura para facilitar a reposição de bebidas e/ou comidas.

■ ZONA DE PREPARAÇÃO E CONTROLE

As dimensões e os setores são diretamente proporcionais ao tamanho e ao tipo do estabelecimento.

Cozinha, estoque, vestiário, área para funcionários, escritório administrativo e depósitos são algumas das áreas que podemos encontrar nessa zona.

Na maioria dos casos, a cozinha deve ser projetada em parceria (para evitar conflitos e conseguir perfeita integração entre funcionalidade e estética) com empresas especializadas, já que esse projeto, por si só, é muito complexo devido às inúmeras opções de equipamentos específicos para diferentes tipos de restaurantes e aos constantes lançamentos e novidades do setor.

Dependendo do cardápio oferecido, podemos setorizar diferentemente a área da cozinha, como:

- preparação (processamento de alimentos);
- preparação de comidas quentes;
- preparação de comidas frias;
- preparação de sobremesas;
- área de limpeza e lavagem.

O material mais indicado nas cozinhas – para tampos, prateleiras, armários, etc. – é o aço inoxidável, já que é fácil de limpar, não apresenta poros e aceita altas temperaturas.

As paredes, os pisos e os forros devem seguir a determinação dos órgãos competentes, muitas vezes devendo ser totalmente revestidos por azulejos. Portanto, verifique o Código de Obras e as normas vigentes. Procure utilizar revestimentos resistentes à gordura, que sejam fáceis de limpar e antiderrapantes (piso).

Cores claras ajudam a garantir boa iluminação. Lâmpadas fluorescentes de tonalidade amarelada ou incandescentes são a melhor opção. Lembre-se de que a utilização de lâmpadas fluorescentes frias não é recomendada, já que elas alteram a coloração dos alimentos enquanto são preparados, o que não é nem um pouco produtivo.

Podem ser utilizadas tanto a iluminação geral como de tarefa direcionada – nesse caso, às bancadas de apoio.

Exemplos de equipamentos disponíveis no mercado para utilização em cozinhas industriais

Armazenamento e estocagem:

- refrigeradores e freezers verticais e horizontais;
- câmaras frias;
- carros-plataformas.

Pré-preparo:

- mesas refrigeradas para condimentação;
- tanques para higienização de legumes;
- processadores de alimentos.

Cocção:

- fogões;
- fornos;

- fritadeiras;
- chapas quentes;
- *char boilers*;
- exaustores com lavadores de gases e filtros.

Distribuição:
- mesas frias expositoras;
- bufês refrigerados ou aquecidos;
- ilhas de distribuição;
- carros de serviço;
- carros térmicos.

Higienização (em aço inox):
- grelhas de piso;
- máquinas de lavar louças;
- cubas simples ou duplas para panelas;
- cubas para lavagem de vegetais.

Transporte:
- carros para pratos;
- carros para elevação de pratos;
- carros para detritos.

É necessário acesso amplo e fácil, e se possível próximo à área de estocagem, para o recebimento de materiais e alimentos, de preferência fora do alcance de visão dos consumidores.

A área onde são recebidas as mercadorias deve ser suficiente para armazenar temporariamente o que for recebido até que possa ser devidamente estocado.

A área de estocagem deve prever mercadorias que necessitam de refrigeração, outras que não necessitam e, separadamente, estocagem para produtos de limpeza, já que estes podem contaminar os alimentos.

Exemplos de espaços necessários para armazenamento de estoque

Bebidas:

- naturais ou refrigeradas;
- garrafas ou latas.

Alimentos:

- perecíveis (refrigerados ou naturais);
- não perecíveis;
- congelados.

Materiais:

- utensílios;
- toalhas, guardanapos, panos, etc.
- produtos de limpeza.

7

Roteiro do projeto

Como bem explica Bruno Munare em seu livro *Das coisas nascem coisas*, projetar é um trabalho de pesquisa e "desmembramento".[5] Quando pensamos em projetar um escritório ou um restaurante, podemos, à primeira vista, apavorar-nos. É importante ter em mente que cada projeto deve ser reduzido a escalas cada vez menores até chegar a um universo pequeno e mais compreensível.

Melhor exemplificando, um restaurante pode ser subdividido em zonas; as zonas, em novas áreas, como o armazenamento de alimentos; este pode ser subdividido em alimentos perecíveis e não perecíveis; os perecíveis, por sua vez, podem ficar à temperatura ambiente ou necessitar de refrigeração; os não refrigeráveis podem ser armazenados em caixas, latas, etc. de diferentes dimensões. Portanto, podemos chegar a um universo de projeto mais palpável e fácil de compreender e, consequentemente, de projetar. Projetar a despensa para latarias se torna muito mais simples.

Não podemos deixar de lembrar que cada parte deve ser "projetada"; portanto, seu design deve seguir os princípios e conter os elementos estudados

---

[5] Bruno Munare, *Das coisas nascem coisas* (São Paulo: Martins Fontes, 1999).

no capítulo 2; a despensa deve seguir medidas ergonômicas e ser revestida por materiais que permitam boa manutenção, e assim por diante.

As diferentes etapas do projeto

■ INFORMAÇÕES SOBRE O CLIENTE

Podemos simplificar a primeira etapa dizendo que é a de conhecer o cliente e saber exatamente quais são seus reais objetivos e o que pretende alcançar?

Quanto mais organizada e maior for uma empresa, mais clara será a estrutura que a compõe. Essa estrutura empresarial ajuda a definir os papéis de cada um, a distribuir responsabilidades e a facilitar o alcance dos objetivos.

Como já foi tratado no capítulo 1, o ponto de partida de um projeto é conhecer essa estrutura, compreendendo o papel de cada setor, a inter-relação entre os diferentes departamentos e o que as pessoas fazem em cada um deles, bem como a relação entre os indivíduos que neles trabalham.

A maioria dessas informações é tirada do organograma da empresa; as que ali não estão explícitas devem ser levantadas por meio de entrevistas e pesquisa na empresa.

Simplificando ao máximo, podemos dizer que a maioria das empresas é composta por seis departamentos (dependendo do tamanho e da complexidade delas), que sofrem alterações de tarefas conforme sua natureza.

- *Executivo*: determina a política da empresa, a administração geral, o planejamento financeiro, etc.

  No caso de grandes empresas, é a área com maior impacto visual e estético, pois pode simbolizar poder, dinheiro e força no atendimento aos clientes.
- *Legal*: pode ser subdividido em diversos outros setores. Cuida da proteção legal, da legislação, de taxas, propriedades, seguros, etc. Pode-se dizer que esse departamento cuida dos interesses da empresa, quer nas relações de

trabalho, quer na compra e venda de produtos e bens (terceirizado, em pequenas empresas).

- *Financeiro*: cuida basicamente da contabilidade da empresa (terceirizado, em pequenas empresas).
- *Operacional*: cuida das tarefas relacionadas à produção de bens ou dos serviços oferecidos pela empresa. No caso das lojas, é a área em que acontecem as vendas; em restaurantes, a área destinada à alimentação e ao preparo (portanto, dois setores).
- *Marketing*: tudo o que se relaciona a divulgação, campanhas e táticas de venda é desenvolvido nesse departamento (geralmente terceirizado, em grandes empresas, ou feito pelo proprietário ou gerente, nas microempresas).
- *Administrativo*: basicamente, esse departamento é que fornecerá serviços aos demais. Faz parte desse setor a análise do desempenho da empresa e a produção de informação para os diferentes departamentos, diretores e presidente. A manutenção da empresa, a recepção, o almoxarifado, as fotocopiadoras, etc. pertencem à administração. Em grandes empresas, podemos também alocar aqui o treinamento de pessoal.

■ DEFINIÇÃO DOS CLIENTES

A que público se destina o projeto? O que necessita e o que busca encontrar?

As diferentes zonas e setores têm necessidades distintas quanto à distribuição, circulação, peças de mobiliário, materiais, iluminação, etc., cabendo ao designer a identificação de todas as características que devem estar presentes em cada um individualmente.

Ser funcional é absolutamente imprescindível. Portanto, levantar corretamente as atividades que acontecerão em cada setor da empresa, as necessidades envolvidas nessas atividades, bem como cada equipamento e detalhe a ele relacionados é vital.

No caso de lojas, podemos dizer que a identificação do consumidor estaria alocada aqui.

DEFINIÇÃO DO LOCAL

Onde se localiza a empresa? Quais as condições favoráveis e desfavoráveis do imóvel e da localização?

Nessa etapa devem ser estudadas todas as características espaciais, com seus pontos de interesse e defeitos, a serem escondidos ou camuflados.

O tamanho físico do negócio entra agora em questão.

DEFINIÇÃO DA ATMOSFERA, DO CARÁTER E DO ESTILO

Como deve ser expressa a relação direta entre o produto a ser vendido ou o serviço a ser oferecido e o espaço? Que mensagem deve ser lida por meio do projeto?

A existência de cores-padrão, os materiais ou quaisquer outros elementos que vão estar presentes no espaço, bem como as sensações que devem causar nos usuários dos ambientes, são agora observados.

Os recursos tecnológicos que devem ser utilizados para ressaltar a importância da tecnologia para a empresa também devem ser definidos nesse momento. Muitas empresas optam por telões, laser, iluminação sofisticada, etc.

DEFINIÇÃO DO ORÇAMENTO COM O CLIENTE

Quanto é possível gastar?

Essa fase é importante e tem bastante influência no desenrolar de um projeto. Sabemos que, quanto maior o orçamento, mais é possível "viajar", ou seja, criar, ousar, abusar de soluções estéticas e construtivas. Uma parede totalmente revestida de vidro e com película vermelha, por exemplo, certamente chama a atenção, mas o custo dessa opção é elevado. Chamar a atenção utilizando um orçamento restrito não é, de forma alguma, impossível, mas requer muita criatividade e maior pesquisa.

Portanto, quanto menor o orçamento, maior deve ser a proposição do designer em atingir todos os objetivos estabelecidos com soluções criativas, porém econômicas.

■ DEFINIÇÃO DO LAYOUT

Analisadas todas as informações coletadas, passa-se para a etapa dos desenhos e da escolha do layout que mais se adapta à empresa em questão. As formas de representação gráfica que podem ser utilizadas para expressar a ideia serão descritas no capítulo 8.

Avaliação do projeto

Checar alguns pontos fundamentais é um dos caminhos para que o projeto esteja de acordo com as necessidades da empresa – portanto, nada melhor do que um *checklist* para nos ajudar a avaliar o resultado de nosso esforço e trabalho.

- *Análise quanto à empresa*
  Todos os setores e necessidades da empresa estão representados no projeto?
  A setorização escolhida está de acordo com o organograma da empresa?
  A imagem da empresa está clara no projeto?

- *Análise quanto à função e aos objetivos dos espaços*
  Todas as atividades previstas têm espaço adequado para sua realização?
  Cada setor possui os equipamentos necessários para o desempenho das atividades a ele inerentes?
  A circulação principal e a periférica estão corretas?
  A proporção e a escala espaço/usuário está como o desejado?
  A iluminação está adequadamente distribuída?
  As condições de trabalho estão conforme o desejado?

Foram observadas todas as normas para facilitar o acesso, a utilização e a circulação de pessoas com deficiências físicas?

- *Análise quanto aos materiais escolhidos*
  Os materiais escolhidos estão em concordância com as atividades correlatas?
  A manutenção necessária para os ambientes está de acordo com o desejado?
  Os materiais escolhidos são de qualidade?
  Apresentam boa relação custo–benefício?
  O fator segurança foi amplamente estudado e checado?

- *Análise quanto ao resultado estético*
  A imagem da empresa está corretamente representada?
  A mensagem que está sendo passada está correta?
  O público-alvo está corretamente identificado?

- *Análise quanto às leis e normas técnicas*
  Foram checados todos os órgãos competentes?
  O projeto está de acordo com o Código de Obras vigente?
  As Normas Técnicas Brasileiras foram observadas?

- *Análise quanto ao orçamento*
  Foi atingida a meta orçamentária?
  Onde se podem reduzir custos sem prejudicar o resultado estético?

Verificadas todas essas questões, o projeto está pronto para ser preparado para sua apresentação, ou seja, para ser finalizado. Quanto mais vezes os detalhes do projeto puderem ser conferidos com o cliente, melhor será, pois é uma garantia a mais de que todas as necessidades e desejos da empresa sejam atendidos no projeto final.

8

Projeto gráfico

Dimensões e características do local

Esses elementos podem ser adquiridos em plantas executivas que devem, de preferência, ser checadas *in loco*, se possível com a marcação de eixos hidráulicos e dos pontos elétricos.

Pode e deve ser feito um levantamento fotográfico não só do local como também dos arredores ou vizinhos. Fotografe o que é visto por quem está fora do ambiente e por quem está dentro; isso ajuda bastante.

Sempre acabamos por esquecer algum detalhe quando visitamos o local para o qual se destina o projeto. A facilidade proporcionada pela tecnologia digital facilita muito esse trabalho, com a possibilidade de ter fotos instantaneamente "reveladas" no computador.

Outra providência a ser tomada é a requisição de todas as plantas executivas existentes (estrutural, elétrica, hidráulica, detalhes, etc.).

Representação gráfica

Para expressar nossas ideias, podemos utilizar recursos gráficos ou modelos.

Os recursos gráficos de que dispomos podem ser bi ou tridimensionais (maquetes físicas ou eletrônicas).

Os desenhos devem ser feitos sempre "em escala", ou seja, seguindo as proporções reais de todos os elementos.

ESCALAS

As mais utilizadas são:

- 1:100 – para plantas de implantação ou para mostrar o projeto como um todo.
- 1:50 – para plantas de distribuição geral, com locação de janelas, escadas, etc., sem muitos detalhes.
- 1:20 ou 1:25 – para a representação de ambientes menores e com mais detalhes e especificações. Também podem ser utilizadas no desenho de mobiliário.
- 1:10 e 1:05 – servem para detalhes de maçanetas, encaixes, acabamentos, etc., quando a precisão é indispensável.

TIPOS DE DESENHOS

Para alcançar nosso objetivo, devemos produzir diferentes tipos de desenhos para diferentes profissionais:

- *Planta baixa*: é uma vista aérea, bidimensional, de uma altura aproximada de 120 cm do piso, paralela a ele. Nela poderemos marcar as larguras e profundidades dos ambientes.

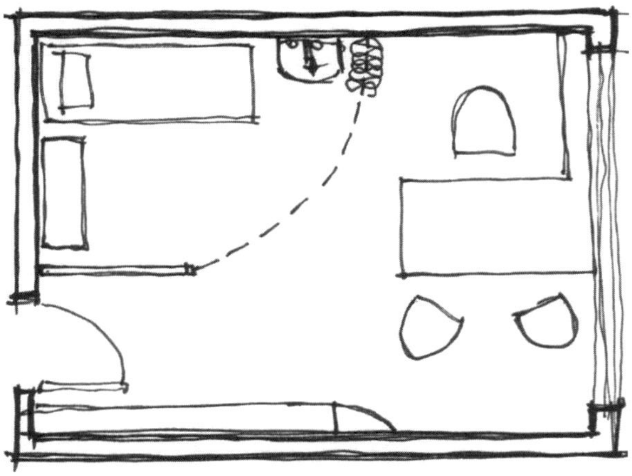

FIG. 133 – Exemplo de planta baixa.

- *Corte*: é uma representação bidimensional que mostra as alturas de peitoris de janelas, forros, balcões, etc. Nessa representação são vistas as espessuras das paredes e, se necessário, podem ser mostradas as espessuras das lajes de piso e teto.

FIG. 134 – Exemplo de corte.

- *Vista*: mesmo tipo de representação do corte, porém sem nenhuma espessura de parede, piso ou teto.

FIG. 135 – Exemplo de vista.

- *Perspectiva*: representação tridimensional. É uma importante ferramenta de projeto que pode ser utilizada para mostrar um detalhe ou o projeto como um todo.

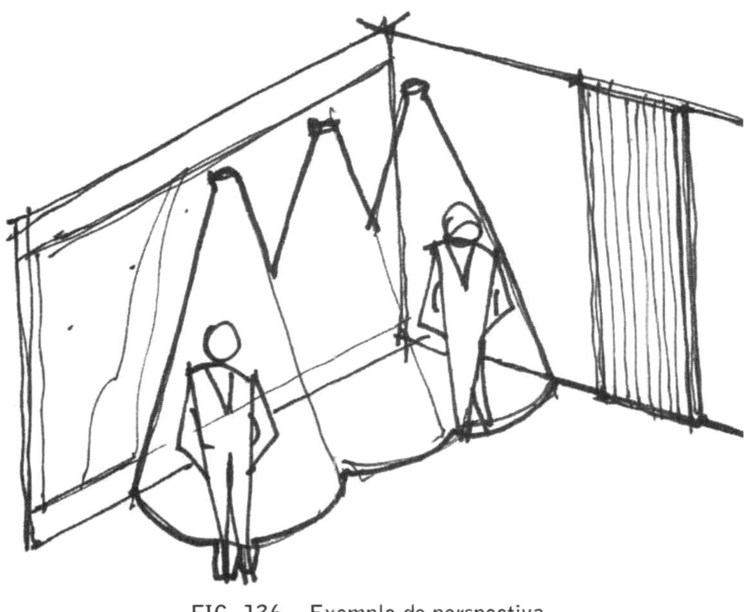

FIG. 136 – Exemplo de perspectiva.

■ SIMBOLOGIA

É importante que os desenhos apresentem símbolos identificáveis por uma legenda junto à planta. Somente desse modo diferentes profissionais poderão ler e compreender o desenho. Quando for necessário, crie um símbolo novo, identificando-o na legenda.

■ PONTOS DE LIGAÇÃO ELÉTRICA

O projeto elétrico deve ser feito por profissional especializado.

Em escritórios, pisos suspensos facilitam a instalação de pontos onde sejam necessários, existindo também adaptadores para os móveis.

É importante fornecer, aos profissionais que desenvolverão o projeto, uma planta indicativa da localização desejada para tomadas, interruptores, computadores, equipamentos elétricos, monitores e telões, pontos de luz, tipos de lâmpadas e todos os demais componentes que necessitarão de eletricidade. Devem ser fornecidos também os nomes dos equipamentos a serem instalados e as referidas tomadas, para que seja dimensionada a carga exata para elas.

Sempre acrescente uma legenda com a correta identificação de cada símbolo.

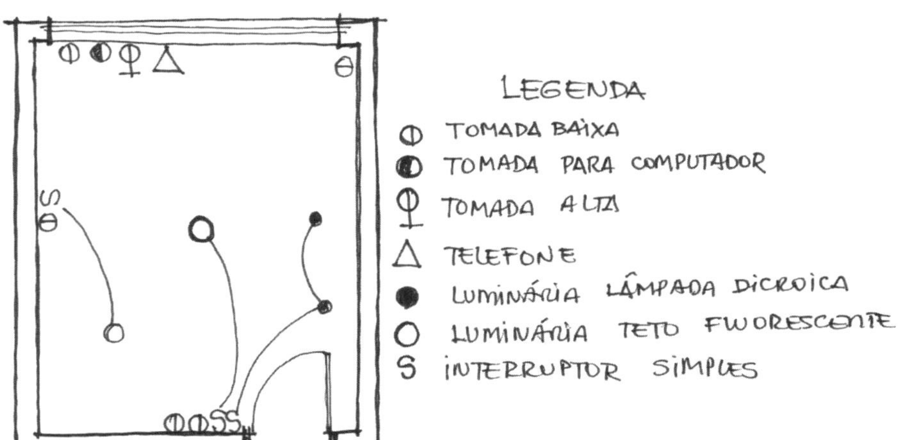

FIG. 137 – Exemplo de planta com pontos de luz e tomadas.

■ PONTOS DE LIGAÇÃO HIDRÁULICA

O mesmo procedimento deve ser seguido para os pontos de ligação hidráulica. Projetos mais simples, de reforma, podem ser ajustados, desde que conhecidas as plantas de ligação hidráulica originais da edificação. Projetos maiores e mais complexos devem ser encaminhados a profissionais especializados para cálculos e os corretos dimensionamentos de caixas-d'água e tubulações no projeto hidráulico.

Legendas, se necessário, e a correta identificação e localização dos pontos devem fazer parte dessa planta.

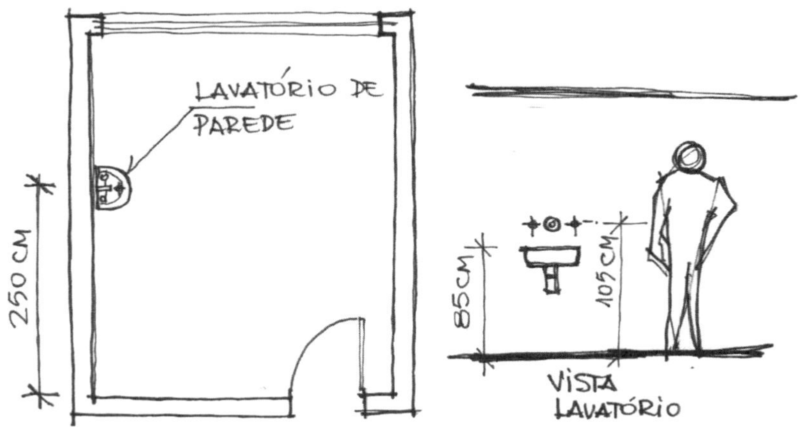

FIG. 138 – Exemplo de planta com pontos de ligação hidráulica e vista com alturas.

■ ETAPAS DO PROJETO GRÁFICO

O projeto é composto por diferentes desenhos destinados a diferentes profissionais.

- *Croquis*: desenhos livres para conceituar uma proposta. Podem ser feitos e apresentados aos clientes e devem, ainda, ser executados enquanto as ideias são discutidas entre designer, arquiteto e cliente.

- *Anteprojeto*: conjunto de desenhos para uma primeira análise com o cliente. Nessa etapa, o projeto é ainda uma ideia que se está concretizando, de modo que nem todos os detalhes construtivos são inteiramente conhecidos.
- *Projeto executivo*: conjunto de desenhos em escalas e com dimensões para a execução dos serviços. Nesse conjunto estarão plantas de detalhamento de forro de gesso, assentamento de pisos, bancadas, projeto de iluminação, de hidráulica, etc. Para que essa etapa funcione bem, é necessário ter controle total de todos os itens do projeto e saber como serão executados. As plantas serão enviadas para a elaboração do orçamento com uma definição do trabalho a ser realizado.

■ ETAPAS DA EXECUÇÃO

- *Orçamento*: orçamentos de três profissionais de cada serviço a ser contratado e de três fornecedores diferentes de materiais devem ser preparados e enviados ao cliente para aprovação. Cada um deve indicar claramente o custo, a forma de pagamento, a data de entrega e os detalhes referentes à instalação, se for o caso.
- *Cronograma*: uma planilha com cada etapa do projeto, como entrega, início e conclusão, etc., deve ser criada para possibilitar o controle dos pedidos e do tempo da obra.
- *Obra*: é a etapa em que cada serviço e cada detalhe devem ser verificados *in loco*, isto é, no local onde a obra será executada. Sempre podem ocorrer problemas, e a presença diária na obra é uma das maneiras de saber o que está acontecendo; caso algo não dê certo ou precise ser ajustado, haverá sempre um profissional responsável para ajudar a solucionar a questão.

9

Feng shui

Feng shui (diz-se "fong shuei") literalmente quer dizer "vento e água".

Como muito bem explica o livro *The Complete Illustrated Guide to Feng Shui*,[6] o feng shui não é uma religião, e sim uma técnica oriental, presente na China há mais de 3 mil anos. Portanto, sua prática não conflita com nenhum tipo de crença ou segmento religioso, nem está baseada em magia ou poderes sobrenaturais.

Podemos dizer que é uma sabedoria complexa baseada no movimento da energia (*chi*) no universo e que busca utilizar a arte de organizar espaços para trazer harmonia para a vida das pessoas e prosperidade para os negócios.

Não me estenderei nesse assunto, já que a bibliografia a respeito dele é imensa. Como já afirmei, o feng shui é complexo. Portanto, tratarei somente de alguns conselhos simples e básicos aplicados aos ambientes comerciais e de prestação de serviços.

Não sou uma estudiosa ou seguidora inquestionável do feng shui, mas, como uma profissional que busca estar atualizada com o que está acontecendo no

[6] Lilian Too, *The Complete Illustrated Guide to Feng Shui* (Nova York: Barnes & Noble, 1996).

mundo e que lida com diferentes universos de clientes, leio, respeito e procuro aplicar os conselhos que me parecem convenientes, evitando prejudicar a funcionalidade do projeto.

Podemos não acreditar, mas, se dizem que esses conselhos podem ajudar na prosperidade e na harmonia dos negócios, por que não aplicá-los? Caberá a cada um de nós avaliar e aplicar, se achar procedente!

Energia:

- Portas giratórias são uma boa opção para favorecer a entrada da energia *chi*.
- O design de escritórios e negócios deve facilitar o fluxo da energia *chi* por igual no ambiente. Cantos arredondados no mobiliário facilitam esse fluxo.

Portas:

- A porta de entrada principal ou de serviço nunca deve estar alinhada com nenhuma outra porta nem com janelas.
- Não alinhe portas com escadas ou elevadores.

Elementos arquitetônicos:

- Evite cantos vivos (armários, pilares, paredes, etc.). Onde forem inevitáveis, proteja-os com plantas naturais ou artificiais.
- Vigas expostas também devem ser evitadas. Caso seja impossível a instalação de forro falso, procure não posicionar nenhuma mesa de trabalho sob elas.
- As formas dos ambientes devem ser preferencialmente quadradas ou regulares. Harmonize as formas em "L" pela utilização de espelhos e iluminação.
- A simetria é muito bem vista, já que representa harmonia e equilíbrio.
- Em salas com teto inclinado, evite se sentar sob a parte mais baixa dele. Nesse tipo de situação, podem ser utilizadas luminárias de pé para aumentar a sensação espacial e equilibrar o ambiente.

Mesas:

- Evite se sentar muito perto das portas, de costas ou diretamente de frente para elas. A melhor posição é no canto oposto a elas.
- Os funcionários que se sentam próximo às portas concentram-se menos e portanto produzem menos.
- Não se sente de costas para as janelas. Procure fechar com portas as prateleiras de livros ou arquivos.

Recepção:

- Deve ser clara e espaçosa. Caso não seja, é aconselhável a utilização de espelhos, porém sem refletir diretamente a porta de entrada.
- Balcões e cadeiras de espera não devem "olhar" para a porta de entrada.
- A recepcionista não deve bloquear a entrada de energia para dentro dos ambientes; portanto, o balcão ou mesa de recepção não deve obstruir a porta de entrada.
- A recepção deve estar de costas para uma parede.

Gerência:

- Para os chineses, segundo o feng shui, o sucesso de um negócio está relacionado com o bom posicionamento do escritório do gerente. Portanto, este não deve se localizar no final de um corredor.

Salas de reunião:

- Procure evitar um número desnecessário de portas dentro do ambiente.
- A poltrona mais importante deve ficar longe da porta de acesso e de costas para uma parede, preferencialmente sólida.

Contabilidade:

- Seu escritório deve ser localizado na parte sudeste da construção.
- O amarelo ou o branco são as cores ideais.

Caixa registradora:

- Posicione-a preferencialmente na parte sudeste do negócio.
- Ela não deve estar na frente de banheiros ou da cozinha. Seu local ideal é próximo à entrada, porém sem se alinhar com a porta principal.
- Procure proteger a caixa com uma parede sólida, construída atrás dela.
- Uma boa técnica é utilizar espelhos nas paredes laterais, para que reflitam a caixa e tragam prosperidade.

Restaurantes e bares:

- Evite paredes ou qualquer outro elemento que bloqueie a entrada do restaurante.
- Use preferencialmente o vermelho e uma boa iluminação em restaurantes. O preto ou o azul-marinho, com iluminação mais acolhedora, são melhores opções para bares.
- Evite o vermelho em restaurantes que servem frutos do mar; o verde é melhor.
- Espelhos e aquários que exponham peixes para consumo são elementos que atraem a prosperidade. Os aquários, entretanto, devem estar na parte norte, leste ou sudeste do restaurante.

Casas de câmbio e agências de viagem:

- Preferencialmente use o preto ou o azul-marinho.
- Utilize iluminação suave.

Joalherias e lojas afins:

- Evite o vermelho e o amarelo.

Logomarcas:

- Evite qualquer tipo de símbolo que contenha uma imagem incompleta.
- Triângulos e cruzes não são recomendados; opte por círculos ou quadrados.

Bibliografia

ARQUITETURA e Construção, 19 (12), dezembro de 2003. Encarte Escritórios do Futuro.

COLE, Alison. *Cor*. São Paulo: Manole, 1994.

DEAN, Corinna. *The Inspired Retail Space: Attract Customers, Build Branding, Increase Volume*. Rockport: Rockport, 2003.

GILLATT, Mary. *New Guide to Decorating*. Londres: Conran Octopus, 1999.

GORDON, Lynn. *ABC of Design*. São Francisco: Chronicle, 1996.

HENDERSON, Justin. *Workplaces and Workspaces*. Rockport: Rockport, 2000.

MANROE, Candace Ord. *The Home Office*. Nova York: Michael Friedman, 1997.

NEUFERT, Ernest. *Arte de projetar em arquitetura*. Trad. da 21ª ed. alemã. São Paulo: Gustavo Gili, 1978.

OSRAM. *Fascicoli di progettazione illuminotecnica*. Milão: Osram S.p.a. – Società Riunite Osram Edison Clerici, s/d.

PHILLIPS, Barty. *The Home Office Planner.* Londres: Conran Octopus, 2000.

PILE, John F. *Interior Design*. Englewood Cliffs: Prentice-Hall, 2003.

PIOTROWSKI, Christine M. & ROGERS, Elizabeth A. *Designing Commercial Interiors*. Hoboken: John Wiley & Sons, 1999.

RAGAN, Sandra L. *Interior Color by Design*. Rockport: Rockport, 1995.

RICHARDS, Kristen. *Retail & Restaurant Spaces*. Rockport: Rockport, 2002.

ROSSBACH, Sarah. *Feng shui: decoração de interiores*. Rio de Janeiro: Ediouro, 1998.

_________ & YUN, Lin. *Feng shui e a arte da cor*. Rio de Janeiro: Campus, 1998.

SOUZA, Marcos Gouvêa & SERRENTINO, Alberto. *Multivarejo na próxima economia*. São Paulo: Makron/Pearson Education do Brasil, 2002.

STEVENS, Rosemary. *Easy Feng Shui in Practice*. Sydney: Australian Publisher Company Pty, 1999.

Sites

www.philips.com.br
www.edifique.arq.br
www.osram.com
www.tecfibraotica.com.br
www.labaluminio.com
www.dbce.csiro.au
www.santos.sp.gov.br
www.adfego.com.br
www.crfaster.com.br/acess.htm
www.planalto.gov.br
www.lighting.philips.com.br

Índice geral